KB260065

김만수의 시정메모 **소통으로 답을찾다?!**

김만수의 시정메모

소통으로 답을 찾다?!

김만수 지음

유로
PUBLISHING

따뜻한 부천,
느낌표로 품다

제 2 장

제 3 장

에필로그

'김만수式' 소통
문화 부천의 미래는 밝다

국회의원 / 前부천시장 원 혜 영

드디어 부천에 지하철 시대가 열렸습니다.

지하철 개통은 물리적이긴 하지만 진정한 소통의 상징이기도 합니다. 제가 부천시장으로 재직시 부천에 지하철을 유치하겠다고 동분서주하던 때가 엊그제 같은데, 우여곡절은 있었습니다만 10여년 만에 마침내 '소통의 통로'가 완성되는 것을 보게 되니 특별한 감회로 다가옴을 느낍니다.

소통행정 역시 마찬가지라고 봅니다. 사람들의 생각과 생각을 연결하는 길(네트워크)을 만드는 일부터 소통은 시작됩니다. 민선 5기 김만수 부천시 정부의 캐치프레이즈는 '시민이 시장입니다'로, 이는 시민이 주체가 되고 중심이 되는 소통과 참여의 지향점이기도 합니다.

한 도시에 지하철이 개통되는데 10년이 걸렸듯이 그에 못지않게 한 도시에 소통의 문화가 싹트고 정착되기에는 10년도 부족한지 모릅니다. 그러나 부천지하철 건설이 그랬듯 누군가는 깃발을 들어야 결실을 맺을 수 있습니다. 그렇기에 김만수 시장의 소통행정 노력은 칭찬받아 마땅합니다.

김만수 시장이 부천호(號)의 키를 잡고 항해에 나선 지난 여정을 돌아보면 시사하는 바가 참 많습니다.

부천시민들의 시정에 대한 관심도와 참여의지가 눈에 띄게 향상되었음을 느낍니다. 한편으로는 90만 부천시민들이 시정에 대해 바라는 요구와 기대치가 그만큼 높아졌음을 의미하는 것이기도 합니다. 소통의 문화가 정착되고 뿌리내리기까지 얼마나 많은 인내와 노력이 뒤따라야 하는지 다시한번 깨닫게 됩니다.

이제 부천은 7,80년대 개성 없는 '익명의 도시'에서 만화, 영화, 음악이 함께하는 영상문화도시, 푸른 환경과 쉼터가 공존하는 편리한 생활도시로 그 이름과 얼굴을 빠르게 바꾸어가고 있습니다. 민선 5기 90만 시민과 함께 만들어가는 '문화특별시 부천'의 미래는 매우 밝습니다.

부천이 본격적으로 '문화와 예술'을 화두로 삼고 도시정체성을 찾고자 노력했던 지난 십 수 년 동안 분명 어려움과 시행착오도 겪었을 겁니다. 그러나 그런 경험들이 이제는 누구도 흉내낼 수 없는 문화부천의 탄탄한 밑거름이 되고 있습니다.

그동안 부천이 쌓은 도시정체성의 지속성을 유지하면서 그 품격을 한 단계 끌어올려 문화콘텐츠 속에 시민정신을 심는 여러 시도와 노력들이 이제 꽃을 피우고 열매를 맺는 모습을 보면서 마음 든든함을 느낍니다.

부천시의 다양한 소통의 방식이 다른 지방정부의 반면교사가 되리라 믿습니다. 이 같은 김만수 시장의 '시민사랑' '시민행복' 프로젝트에 감동과 지지를 표하면서, 부천에 무한한 애정을 가진 정치인의 한 사람으로서 앞으로도 변함없이 힘껏 돕겠습니다.

　〈김만수의 시정메모, 소통으로 답을 찾다〉 출간을 90만 시민과 함께 기뻐하며, 축하의 말씀을 전합니다.

부천,
새로운 변화의 중심에 서다

서울시장 박 원 순

"수령은 제후와 같다. 만백성을 주재하니 하루에 만기(萬機)를 처리한다. 그 정도야 약하지만 본질은 다름이 없다. 천하국가를 다스리는 자와 비록 크고 작음은 다르나 처지는 실로 같은 것이다."

다산의 목민심서 한 구절입니다.

한 지방의 수령은 한 나라의 제후와는 달리 그 권력이 크지 않음에도 다산은 수령을 제후에 비유했습니다. 그 관할 하에 있는 만백성을 주재하고 하루에 온갖 정무를 다 보기 때문입니다. 크고 작음이 다를 뿐 그 본질은 다르지 않다는 것입니다.

사실 오늘날 지방자치단체장의 역할은 그 지역주민의 삶의 모든 부분을 보살피는 일입니다. 그 지역주민의 안전에서부터 삶의 질의 모든 분야에 이르기까지 그 업무의 속성과 종류를 따지자면 한이 없습니다.

그렇기에 '만백성을 주재하고 만기를 처리'하는 지방자치단체 한 사람 한 사람의 자질과 능력, 자세가 참으로 중요합니다.

오늘날 주권이 국민에게 있다는 헌법을 가진 나라에서 위로는 대통령에서 아래로는 미관말직의 공직자에 이르기까지 국민의 고통을 덜고 삶의 질을 진작시켜야 할 책임이 무한한 것은 더 말할 나위가 없습니다.

흔히 공무원들은 '3불 타령'을 한다고 합니다. 무엇이든 안 된다는 것이지요. 법령에 없다는 것이 첫 번째요, 예산이 없다는 것이 두 번째요, 선례가 없다는 것이 세 번째 거절 이유라는 것입니다. 어떤 좋은 제안을 들고 가도 그것이 받아들여지지 않는다는 것입니다. 물론 이것이 공무원의 잘못이 아닌 것은 압니다. 공직자들이 열정을 가지고 일했다가 괜히 나중에 실패하거나 잘못되는 날이면 책임을 져야 하는 상황에서 위축될 수밖에 없습니다.

그러나 이제는 좀 달라져야겠습니다. 좀 더 창의적이고 열정적인 공직자상 (像)이 필요합니다. 늘 문제를 긍정적인 각도에서 바라보는 것이 필요합니다. 진실로 민원인과 주민들의 입장에 서서 그들을 돕고 그들의 문제를 풀어 주겠다고 나선다면 많은 문제들이 풀릴 것입니다.

그 과정에서 지역사회의 여러 파트너들과 함께 소통하고 협력하고 함께 하는 것은 매우 중요하다고 생각합니다. 이른바 '거버넌스'의 문제입니다.

특히 부천지역에는 다른 어떤 지역보다 좋은 시민사회단체들이 있고, 주민 들의 의식도 가장 높은 편입니다. 책상머리에서 혼자 결정하기보다 이해당사 자와 공정한 전문가들의 참여를 보장하고 이들과 협의해가는 자세와 과정이 꼭 필요합니다. 소통이 오늘날만큼 시대의 큰 화두가 된 적이 없습니다.

과거 개발지상주의와 하드웨어식 사고방식이나 일방적인 행정의 시대는 갔습니다. 그 대신에 소프트웨어 중심의 창조적이고 상호적인 행정의 시대가 왔습니다. 김만수 시장의 '소통과 참여행정' 주창과 실천이야말로 바로 이런 시대적 요구에 부합하는 것이라고 봅니다.

이웃도시 부천시와 김만수 시장의 새로운 도전과 열정에 놀라움 반, 부러움 반으로 지켜보면서 서울시가 본받을 점을 부지런히 찾고 있습니다.

김만수 시장의 소통의 과정이자 중간결산인 이 책의 출간을 진심으로 축하드립니다. 부천이 민선 5기 지자체의 새로운 변화의 중심에 서고 그 모델이 되어 주시기를 기대합니다.

'소통'은 부천을 바꾸는
'인터러뱅'의 門

인구 90만의 부천시정(市政)의 정의를 한마디로 표현하자면 '부천시 종합 경영'입니다. 복잡다단한 국가경영의 축소판이라 해도 틀린 말이 아닐 것입니다. 2010년 7월 민선 5기 부천시장으로 당선되어 행정의 최일선에서 시민들과 함께 섞이고 부대끼며 느낀 점은 바로 '소통의 중요성'이었습니다.

닫혀있는 또는 무관심한 시민들의 마음을 두드리고 소통의 물꼬를 트는 것이야말로 부천시 경영의 책임자인 시장으로서 가장 먼저 해야 할 소임이자 시정방향의 단초를 찾는 아젠다(agenda)가 되었습니다.

소통의 리더십이 시작되다

시장이 되고 나서 제일 처음 소통의 매개체로 정착시킨 것이 바로 이 '시정 메모'였습니다. 매 주간 이슈거리로 시 홈페이지와 메일을 통해 시민들의 마음을 두드렸습니다. 시민 반응은 예상을 뛰어넘는 수준으로 그동안 단절된 소통의 골이 얼마나 깊었는지 실감나게 만들었습니다.

각계각층 시민과의 정기적인 현장대화와 함께 '포스트잇'을 통한 '부천시민 마음읽기'도 이어졌습니다. 자칫 소홀하기 쉬운 사소한 불만이나 구조적으로 해결하기 어려운 민원조차도 그 해답을 찾고자 노력했습니다.

사람의 마음을 열고 더 나아가 사람을 움직이게 하는 힘은 다름 아닌 바로 '소통'으로 시작해서 '소통'으로 마무리된다는 지극히 평범한 진리를 깨닫게 되었습니다.

물음표를 해결하는 느낌표, 쉼표 그리고 마침표를 찾다

모든 소통은 물음표<?>에서 시작됩니다. 기존의 틀, 제도, 고정관념에 의문점을 던지고 지식과 지혜를 모아 개선과 실행의 프로세스를 거쳐 느낌표<!>를 찾아가는 것, 이것이 최근 화두가 되고 있는 아이디어 창출과 혁신의 아이콘 '인터러뱅(Interrobang)'입니다.

'시정메모'는 바로 90만 부천시민들의 '물음표(Why)'에 대해 '무엇을 (What)', '어떻게(How)' 해결할 것인가 '느낌표(Wow)'를 찾아가는 치열한 '소통의 기록'입니다. 다시 말해 부천을 바꾸는 '인터러뱅'으로 들어가는 소통 의 문(門)이 바로 '시정메모'인 셈입니다.

시민들의 자발적 참여와 원활한 의사소통이 보장되면 시민 한 사람 한 사 람의 지혜가 모여 아주 훌륭한 집단지성으로 발현될 수 있다는 점을 믿습니 다. 여기에 기록된 많은 시민들의 물음표에서 부천 경영의 새로운 혁신과 아 이디어 창출의 동력을 얻고 있습니다.

시너지는 소통에서 온다

이 책에 소개된 시정메모는 부천시민들의 감탄과 긍정의 느낌표는 물론 때로는 아쉬움과 탄식의 느낌표가 뒤섞여 있기도 하지만 정말 값지고 소중한 '시민정신의 결정체'임을 믿어 의심치 않습니다.

끊임없이 의문을 제기하고 멋진 제안을 통해 부천시정이 나아가야 할 방향 각을 잡아 준 많은 시민 여러분께 감사드립니다. 또 그러한 부천시민들의 물음표를 느낌표로 만들기 위해 지혜를 모으고 땀 흘리며 해답을 찾아 뛰어 준 2천3백 여 동료 공직자들께 감사의 마음을 전합니다. 원고를 다듬어준 정해웅 팀장의 수고에도 감사드립니다.

부천을 바꾸는 인터러뱅, 그 창조와 혁신의 사이클은 이제 막 시작되었을 뿐입니다.

2013년 새로운 도약의 시점에서

김 만 수

제 1 장

새로운 부천,
물음표로
시작하다

보도블록 교체공사, 오해와 진실

시장이 되기 전 시민들의 행정기관을 바라보며 내뱉는 냉소적인 반응 중 하나는 단연 '보도블록' 교체공사에 따른 이야기였다. '멀쩡한 길바닥에 돈 쳐 바른다', '밑 빠진 독에 물 붓기다.' 등 온갖 부정적인 표현을 결부시켜 '보도블록' 교체사업을 보고 있었다. 정말 그런 건지 사실을 파악해 알려주고 싶었다. 문제점이 있다면 대안을 마련하고 싶었다.

보도블록 교체공사! 정말 지방재정을 좀먹는 하마일까?

지방정부의 대표적인 예산낭비 사례를 얘기 할 때 우선 '보도블록' 교체공사를 비유하곤 한다. 특정 지역에 국한된 상황이 아니라 전국 지방정부의 공통 예산 낭비사례로까지 얘기되곤 하는 것이 바로 '보도블록' 교체 공사이다.

시장이 되기 전 주민들을 만날 때 수없이 들어왔던 얘기도 보도블록 교체 공사현장을 빗대는 냉소적인 얘기들이 주류를 이뤘다.

'멀쩡한 길바닥에 돈 쳐 바른다.', '계획에도 없었던 사업을 실적 쌓기 위해 묻지마 식으로 진행한다.', '밑 빠진 독에 물 붓기 사업이다.' 등 보도블록 교체사업은 온갖 부정적인 표현을 결부시켜 행정기관의 막대한 예산낭비의 대표 사례로 비유되곤 했다.

정말 보도블록 교체공사가 일반시민들이 인식하고 있는 것처럼 지방 재정을 좀먹는 하마로 기능하고 있는 것일까. 시장이 되어 가장 먼저 보도블록 교체사업의 실상을 점검해 봤다. 궁금증을 시민들에게 낱낱이 알려주고 싶었기 때문이다.

순수하게 부천시 연간 도로유지사업비중 5% 차지

2009년도 부천시 보도블록 관련 예산편성과 집행실태를 파악해봤다. 연간 차도 및 보도블록 교체, 보수, 휀스 설치, 표지판정비 등을 포함해 시 전체 도로유지 사업을 위해 편성된 예산은 28억 원이었다. 이들 사업을 포함해 지역의 소규모 주민편익을 위한 사업 예산은 24억 원이었다. 총 52억원이 되는 예산이었다.

이중 전국지방정부의 예산 낭비 사례로 지목받고 있는, 순수하게 보도블록에 지출된 예산은 정확히 5.7%였다. 즉 3억 정도의 예산이 보도블록 교체 및 보수비용에 투입됐다는 얘기다.

보도블록을 보수하거나 교체하기 위해서는 첫째 주민들의 요청에 있을 때 하는 경우다. 이는 전체 보도 교체 보수를 포함해 34%를 차지한다. 둘째, 시청이나 구청에서 순찰, 자체정비계획에 의거 추진한다. 이는 5%를 차지한다.

셋째, 도로굴착 허가에 따른 경우다. 이는 총61%를 차지한다. 결과를 따진다면, 도로굴착 허가에 의한 보도블록 교체를 제외하고 주로 시민의 요구에 의해 추진하는 공사가 대부분임을 알 수 있다.

또한 보도블록을 교체하기 위해서는 엄격한 규정을 적용하고 있는데, 국토해양부에서 마련된 보도설치 및 관리지침에 의하면 보도포장의 교체는 10년 이내에 실시하는 것 금지, 시설 된 지 3년 이내에는 보도를 굴착하는 것도 금지하고 있다.

합법적이든 불가피하게 보도블록을 교체하든, 보도블록의 전량은 100% 재투자되거나 그 밖의 생산적인 용도로 재활용하고 있다.

연간 1조1천4백억 여 원의 예산규모를 운영하고 있는 부천시 입장에서 보면 보도블록에 소요되는 비용 3억 원이 차지하는 예산의 규모는 분명 그리 큰 비용은 아니다.

예산낭비 불신의 대명사로 오해받는 '진짜' 이유

이와 같이 그리 많지 않는 예산이 사용되고 있고, 강화된 규정을 적용하고 있음에도 보도블록교체 공사가 시민의 뇌리에 여전히 예산낭비의 대표적인 사례로 또 불신의 대명사로 오해받는 이유는 무엇일까?

가장 큰 이유는 노출된다는 점이다. 누구나 삶의 현장에서 쉽게 보고 참여가 가능한 것이기 때문이다.

둘째는 제대로 된 정보 부족이라는 생각이다. 최근 중동대로를 인접한 보도블록 정비부분이 오해를 증폭시켰다. 하지만 이곳은 16년이 경과된 보도

보도블럭 교체 사업 현장

를 국책사업인 희망근로사업으로 추진하고 있었다.

셋째는 도로굴착 허가에 따른 포장 부분이다. 전력공사, 도시가스, KT, 방송사 등 주민 편익제공 차원에서 지하 공동구 사용이 불가피한 경우 심의에 의거 굴착을 허용하곤 한다. 고장에 따른 수리 부분도 포함한다. 불신의 빌미를 가장 크게 제공하는 이유라고 생각한다.

넷째는 부분보수로, 상가 주변에 가장 많이 발생한다. 보도에서 물건을 올리고 내릴 때 불법 정차와 주차가 보도를 훼손시킨다. 물건 적치도 마찬가지다.

정확한 정보제공, 시민참여로 오해를 풀다

'보도블록'에 대해 이것저것 알아보니, 이유 있는 공사가 대부분이었다. 그렇더라도 예산낭비의 대표적인 사례로 오랫동안 깊이 인식돼온 보도블록 교체공사의 실체에 대한 오해를 쉽게 벗어 던질 수는 없을 것이다.

오해를 해소할 수 있는 가장 쉬운 방법은 소통과 참여다. 시민과 중지를 모아나가려는 노력이 중요하다. 소소한 잘못된 이해가 큰 불신을 불러오고 각인될 수 있기 때문이다.

앞으로 부천시에서는 10년이 지난 보도블록 교체는 늦어도 10월 이전에는 공사를 완료한다는 방침을 마련했다. 동절기 공사가 괜한 오해를 부추길 수 있기 때문이다.

그리고 3년도 채 안된 도로의 불가피한 보도굴착이나, 재건축 후 주민의 요청에 따라 추진하는 보도블록 교체 시에는 반드시 심의위원으로 시민 대표를 참여시켜 의견을 존중하는 것을 제도화했다.

이제 시민들도 전국 지방정부 낭비성 예산지출의 대명사로 과대포장 된 보도블록의 실체에 대해 제대로 이해하는 기회가 되었으면 하는 바람이다.

도로가 수명을 다하지 못하는 것은 자연재해에 의한 이유도 있습니다만 시민들의 주인의식결여에 의한 이유도 있습니다. 과적차량 제한 장소에서 과적차량 운행자제, 도로에 무작정 차량을 정차하고 짐을 푸고 내리는 행위, 적체하는 일 등은 자제되어야 합니다. 또한 훼손된 부분에 대한 행정기관의 신속한 조처도 매우 필요합니다. 확산을 막는 효과가 있을 것이기 때문입니다.

▸ 시마크나 시 이미지를 디자인에 넣어 오래도록 쓸 수 있고 도시미관을 해치치 않는 보도블록을 만들어 시공하면 어떨까요?
(이해복 2010–09–06)

▸ 저도 이런 문제의 원인 중 하나가 행정 집행에 대한 정보부족으로 인한 오해에서부터 발생했다고 판단됩니다. 현 정보화 시대의 부정적 측면들 중 하나로써 하나의 실수가 산처럼 부풀려져 순식간에 그 문제를 해결할 수 없는 지경까지 치닫습니다. 일단 원인을 알았으니 앞으로 시민과의 신뢰가 회복될 수 있는 방법들이 계속 나올 것이라고 기대해봅니다^^
(임희성 2010–08–27)

▸ 보도블록 설치 및 시공의 기준을 강화해서 한번 하더라고 오래갈 수 있는 그런 시공을 했으면 합니다. 매번 뜯어 고치는 것을 좋아하는 시민은 없을 것입니다.
(이주억 2010–08–23)

▸ 그런데 이거 아십니까? 한쪽은 보도블록 깔려 있고 한쪽은 자전거 도로일 때 사람들이 어느 쪽으로 많이 다니는지, 보도블록은 불편하고 저전거 포장도로가 편해서 인지 대부분의 사람들은 자전거 도로로 다닙니다. 차라리 보도블록을 깔 게 아니라 모두 포장해서 색깔로 구분하는게 어떨까요?
(상동시민 2010–08–20)

▸ 일단 시민들이 궁금증을 가지고 있는 점, 그리고 불만이 많이 있는 점.(물론 저도 이 부분에 대해서는 많은 불만이 있었습니다.) 항상 연말에 시행되는 블록 교체로 인해 당연히 불만을 갖게 되었지요. 한 두 해 이루어 진 것도 아니고, 하지만 수치상으로 이렇듯 설명을 해 주시니, 그리고 앞으로 투명하게 심의를 받고 진행하신다고 하신 점, 무척 반갑게 여깁니다.
(민상기 2010–08–20)

▸ 우리들 시민의 뇌리에는 왜 꼭 찬바람이 부는 11월, 12월에 보도블록을 교체하는지, 왜 꼭 예산이 남아서, 내년 예산확보를 위해 남은 예산을 없애기 위하여 보도블록을 교체하는 것 같이 보이는지 모르겠습니다. 매스컴에 길들여진 시민의 얕은 생각일까요?
(park2012 2010–08–20)

포스트잇,
새로운 소통 트렌드를 만들다

시장이 되면서 더 많은 시민과 이야기를 나누고 싶었다. 하지만 한정된 시간과 여러 가지 이유로 현장에 모인 시민들 모두의 이야기를 듣는 것은 불가능했다. 과연 시민을 위한 행정은 무엇일까? 시민들의 희노애락, 생생한 목소리를 귀담아 듣는 것이 아닐까? 그래서 마련한 것이 바로 '포스트잇 소통'이다. 부천은 포스트잇을 시민의 소리를 담는 '소통의 트렌드'로 일반화시킬 생각이다.

사람이 경쟁력이다. 지혜를 모아보자

시장이 된 이후 지역의 불편사항 해결부터 개인의 신상에 이르기까지 관심을 가져 달라는 요구가 상당히 많았다. 그 통로로 면담부터 전화, 편지, 트위터, 부천시 홈페이지 '시장에게 바란다'까지 다양했다.

왜 이렇게 민원성 요구들이 많은 걸까? 민원을 제기해도 만족할 만한 해결책을 내놓지 못하는 것이 가장 큰 이유일 것이다. 그리고 소통 불통으로 누

적된 민원들은 새롭게 취임한 시장이 해결해 줬으면 하는 기대감도 컸을 것으로 생각된다.

시장이 되기 전 항상 마음에 걸렸던 부분이 하나있다. 시장이 바뀌거나, 연초가 되면 시장은 업무보고를 받고, 주민들을 만나 시정을 설명한다. 이 기회에 시민들은 시장과 직접 이야기를 나누기 위해 구청과 각 동 주민센터에 희망의 발걸음을 옮긴다. 하지만 결과는 항상 같았던 것 같다. 대화의 장을 찾았지만 이야기조차 꺼내지 못하고 돌아서는 허탈한 모습이 되풀이됨을 느꼈다.

물론 시간의 한계는 존재했을 것이다. 그러나 그것은 분명 시민을 위한, 고객위주의 행위는 아니었다. 시장이 되어 대안으로 마련한 것이 '포스트-잇 소통'이다.

포스트잇 한 장에 시민의 목소리를 담다

포스트-잇은 접착식 메모지로 뭔가 가볍게 메모해 놓기에 아주 유용한 아이템이다. 부천시에서는 시민의 소리를 담는 소통의 트렌드로 '포스트 잇(post-it)'을 일반화시켜 나가고 있다. 시민들의 불편 사항에 따른 현장 제안에 대해서는 가능하면 신속한 답을 주려고 한다. 다만, 못 다한 이야기는 '포스트 잇(post-it)'을 활용토록 한다. 의견을 주신 분에게는 반드시 형식을 갖춰 답을 해주는 시스템을 갖추고 있다. 끊기지 않는 소통시스템을 구축하겠다는 의지의 표현이기도 하다.

포스트잇 소통은 시장 취임 후 3개 구청을 방문할 때 첫 시도를 했다. 시민

시장 집무실에 빼곡히 붙어있는 포스트잇

들의 목소리들이 담긴 포스트잇들은 시장실에 '시민의 바람'이라는 게시판에 붙여놓았다. 그리고 해결되는 사안은 한 장씩 떼어내는 방식을 유지하고 있다.

지금 시장실은 시민들의 목소리들로 가득 차 있다. 그것들은 우리 시민들의 엄중한 소리다. 이 소리를 들으며 매일매일 긴장의 끈을 놓지 않고 있다.

집무실에 포스트잇이 모두 사라지는 날을 간절히 희망한다. 그러면 부천은 바뀌었고, 우리 시민 삶의 질은 분명 높아졌을 것이라는 확신을 갖는다.

모두가 행복한 부천을 꿈꿉니다. 여러 사람이 꾸는 꿈은 바로 현실이 될 것이기 때문입니다. 그러기 위해서는 원활한 소통이 필요합니다. 불통(不通)을 소통(疏通)으로 이어 주는 방법으로 '포스트잇'을 활용하고 있습니다. 집무실에 빼곡히 붙여 시민의 엄중한 명령을 들으며 매일매일 긴장의 끈을 놓지 않고자 하기 위함입니다.

▶ 잘되어 포스트잇이 시장 집무실에서 사라지는 날을 기대합니다.

(손석호 2010–08–18)

▶ 여러 사람이 꾸는 꿈이 현실이 될 수 있도록 앞에서 잘 리드해 주세요. 또한 우리의 꿈이 잘 그려질 수 있도록 이왕이면 좋은 꿈으로 제시해 주세요.

(정윤정 2010–08–17)

▶ 그 옛날 시장님이 초선 시의원 하실 때 원종2동 어느 반상회에서 뵈었을 때가 기억나는 군요. 간식을 같이 드시며 아주 진지하고 성의 있는 모습으로 주민들의 의견을 경청하고 메모하던 모습을 기억합니다. 그때 그 마음으로 초지일관 모든 이의 가려운 부분을 긁어 주시는 시장님 되기길 기대해봅니다.

(윤경숙 2010–08–17)

▶ 포스트잇 소통은 잘못 생각하면 상대하기 어렵거나 귀찮은 내용은 이 방법으로만 소통하겠다는 비판이 있을 수 있겠네요. 이런 얘기 나오지 않도록 열심히 해 주세요.

(노상엽 2010–08–16)

돈 없어도
빚은 내지 않는다

시장으로서 도시를 경영하는 데 있어 원칙으로 삼고 있는 것이 있다. 돈 없어도 빚은 내지 않겠다는 것이다. 진 빚은 갚아 나갈지언정 어떠한 경우라도 무리하게 빚을 내서 하는 사업은 하지 않겠다는 것이다. 긴축 재정속에서도 꼭 필요한 사업은 '선택과 집중'을 통해, 또 시민들의 의견을 반영해 쓸 곳에는 반드시 쓸 것이다.

무리한 사업진행으로 전국 지자체 빚더미??

2011년도 한겨레신문은 인천시 재정운영상황을 대서특필했다. '예산 대비 채무비율이 정부가 정한 '재정위기 사전경보'선인 40%에 육박했다.', '2002년 취임해 2010년 6월에 퇴임한 전임 시장의 재직 중 8년간 각종 대형 사업이 쏟아지면서 지방채 발행이 급증하고, 금융권 등에서의 무리한 차입이 빚어낸 결과였다.'라는 내용이었다.

연도별 부채현황

구　분	2013년	2012년	2011년	2010년
계	775억 원	982억 원	1,175억 원	1,326억 원
비율	6.92	9.52	10.3	10.8

※ 행정안전부 지방자치단체 채무적정비율 15%이내

　이어서 세계일보는 헤드라인으로 전국 지자체 빚 2년 새 50%나 늘었다. 서울 143%로 증가폭 최고, 다음으로 전남·인천順을 언급하며, 무리한 사업 사전에 막아야한다는 대안의 기사를 이어갔다.

　이렇듯 중앙언론에 지방자치단체 재정여건 악화관련 기사가 잇달아 보도되고 있는 가운데, 그 기사를 읽는 시민들은 불안함과 많은 의구심을 가질 것이다. 그리고 본인이 살고 있는 지방자치단체의 재정여건이 당연히 궁금해질 것이다.

　우리 부천시의 재정 상황에 대해서 결론부터 얘기하자면, 부천시는 예산대비 채무비율 9.5%로 안심이 되는 상황이다. 행정안전부 지침에 따르면 예산대비 채무비율 적정수준이 15%대이기 때문이다.

부천시 재정 상황은 안심해도 된다

　재정자립도가 높다는 것은 세입징수기반이 좋다는 것을 의미한다. 재정규모는 꾸준히 증가하고 있음에도 재정자립도가 낮다는 것은 자체재원(지방세, 세외수입)의 증가율보다 의존재원(국·도비보조금, 지방교부세, 재정보전금 등)의 증가율이 더 높다는 것을 뜻한다.

2000년도 초기 80%대 이상의 높은 재정자립도를 보이던 부천시가 현재 51%대의 재정자립도를 유지하게 된 것은 우선 자체재원의 감소가 원인이라고 할 수 있다. 또 다른 직접적인 것은 사회보장 성격의 국비보조 사업이 급증한 데 따른 것이다. 그러나 재정자립도 하향추세는 전국지방자치단체의 공통사항이다.

지방정부를 운영할 때 실질적으로 중요한 지표는 재정자립도보다는 채무비율이다. 중앙언론에서 가장 우려를 표하고 있는 부분은 인천광역시 사례였다. 예산 대비 채무비율이 정부가 정한 적정선인 15%를 훨씬 뛰어넘어 '재정위기 사전경보'선인 40%에 육박했기 때문이었다. 또한 전국 지자체 빚이 최근 2년 사이 50%나 늘었다는 것은 우려할 만한 상황이긴 하다.

부천시 채무 현황은 2011년도 예산액 총 1조 1천 906억 원 중 1천1백75억 원으로 9.8%의 비율을 차지했다. 2012년도 채무액은 982억 원으로 줄어들었다. 지방채비율 9.5% 수준이다.

시장으로서 일을 하면서 원칙으로 삼고 있는 것은, 돈 없어도 빚은 내지 않겠다는 것이었다. 어떠한 경우라도 진 빚을 갚아 나갈지언정 무리하게 빚을 내서 하는 사업은 하지 않겠다는 뜻이다. 결국 부천시 재정상황은 재정지표는 물론 실질적으로도 대단히 안정권을 유지하고 있다. 안심해도 된다.

긴축재정 속에서도 쓸 곳은 반드시 쓴다

매년도 세출예산편성 시 선택과 집중의 원리를 적용하고 있다. 예산 대책 없이 막대한 경비가 소요되는 새로운 사업은 '절제'가 원칙이다. 또 사무용

품, 냉난방비와 같은 경상예산을 절감하는 방향으로 긴축재정 기조를 유지해 나간다.

더욱이 작년에 이어 금년에도 지방채를 발행하지 않을 생각이다. 그리고 있는 예산으로 구도심 활력증진사업 등 전체적으로 부천시의 가치를 높여나가는 사업은 '선택과 집중'을 통해 투자하는 방식을 유지해 나가고자 한다.

예산은 정책의지의 표현입니다. 무리한 사업은 하지 않으면서 특정 소수가 아니라 보다 많은 시민에게 혜택으로 주어지는 사업을 최우선으로 생각하고 있습니다. 하지만 원도심 지역의 개발은 항상 소외되어 왔던 것이 사실입니다. 그나마 기대를 걸었던 뉴타운, 재개발 사업이 동력을 확보하지 못함으로써 상황은 더욱 어렵게 되고 있습니다. 주차장, 편의시설 확충, 공원 조성, 쾌적한 환경 조성 등 피부에 와 닿는 변화되고, 발전된 모습을 목전에서 체감할 수 있도록 예산을 더 반영하고, 사업을 구현하는 등 원도심 활력증진에 행정력을 모으려 합니다.

▸ 재정 상황이 어찌보면 정말 당연히 그러해야 할 것인데… 칭찬을 하고픈 마음이 듭니다. 그만큼 다른 지자체들이 방만한 운영을 했던 것이지요.　(김중열 2011-10-25)

▸ 계산은 숫자에 불과합니다. 그래서 숫자에 익숙하지 않으렵니다. 숫자로 보여지는 것보다 골목 구석구석 주만들의 불편함을 수렴해주시고 삶의 질을 높혀갈 수 있도록 잘 보살펴주십시오.　(이능순 2011-10-23)

▸ 빚내지 않겠다는 약속! 약속을 지키겠다는 의지! 정말 멋집니다. 하나 추가한다면 선심성 정책보다는 어려운 시민의 애환을 다독거릴 수 있는 배려의 정책을, 모든시민의 생활편의를 우선한 장기적 발전을 고려한 정책을 부탁드립니다.　(이현동 2011-10-23)

▸ 빠른 것 보다는 느리더라도 정확하고 튼튼하게 하시길…　(조한얼 2011-10-22)

▸ 청렴하고 책임감이 강한 공무원 사회를 보는 것 같아 기분이 좋습니다. 통계로 보면 부천시 주민들이 가난한 모습을 보입니다. 따라서 고부가 가치가 있는 산업을 키워야 할 것입니다. 사회복지도 중요하지만 세수마련을 위한 산업분야도 중요합니다. 채무가 줄지만 안산시의 경우와 비교할 때 꾸준한 노력이 있어야 할 것입니다. 약속을 지키는 지방행정부의 모습이 좋습니다.　(블루호크 2011-10-21)

▸ 저는 이렇게 부천시의 재정이 어떠한지 알 수 있어서 좋았습니다. 부천시의 재정이 나아졌다니 좋습니다. 개인적으로 이렇게 부천시가 잘하고 있다는 점과 좋은 점도 좋지만 잘 못 했던 것을 반성하는 레터도 보내주셨으면 좋겠다는 생각이 듭니다.　(부천시민 2011-10-21)

행정민원,
불편의 벽 낮추고 신뢰의 벽 높였다

시민들은 말한다. 민원 때문에 시청이나 구청, 동 주민센터에 가면 절차가 너무 복잡하고, 담당자 만나기도 여간 어려운 게 아니라고. 또 시 홈페이지에 글을 올리고 싶어도 세분화된 카테고리에 어디에 올려야 될지 막막하고, 내가 올린 민원이 잘 처리되고 있는지 신속한 반응이 없어 답답하다고… 이렇게 불편함을 겪고 있는 시민을 위한 새로운 시스템이 필요했다. 전국최초 민원담당관, 민원심사팀 신설, 민원창구 일원화가 그것이다. 이젠 시청 민원실 1층만 오면 모든 민원처리가 가능해졌다.

민원편리시스템 '만사형통' 가동

현장에서 대화를 이어가다보면 여전히 행정에 벽이 있어 보인다고 말한다. '직원 만나기가 어렵다.', '시민입장에서 해결의 실마리를 찾아 주려는 의욕이 부족하다.', '민원처리가 복잡하다.'고 불평하시는 분들이 많다. '직장인으로서 일과시간 민원처리가 곤란하다.'라는 불평도, '정책제안을 위한 통로가 부족하다.'고도 말씀하신다.

이렇듯 시민들이 행정기관에 지녔던 불신의 벽, 행정기관의 문턱을 과감히 낮추고 싶었다. 시민들에게 신뢰감도 주고 싶었다. 그래서 민원행정력 강화에 행정의 무게중심을 두고 마련한 시스템이 바로 전국최초 민원담당관, 민원심사팀 신설, 민원 창구 일원화이다.

민원, One-Stop 해결 시스템 구축

온라인에서 민원을 올리려고 할 때 가장 불편했던 부분이 어디에 올려야 될지 막막하다는 점이다. 왜냐하면 같은 홈페이지 내에서도 민원성 카테고리가 8개로 분산되어 있기 때문이다. ▲시장에게 바란다 ▲OK민원 코너 ▲민원상담 ▲생활불편신고 ▲부정불량식품신고 ▲청소년유해업소신고 ▲예산낭비신고 ▲공직자부조리신고 등 해당부서에서 개별로 민원창구를 운영함에 따라 민원제기불편과 처리 결과도 쉽게 확인할 수 없었다.

중복 처리되거나 누락되는 경우도 있었다. 이렇게 분야별로 분산된 창구를 접근이 용이할 수 있도록 인터넷 민원 통합 창구 '만사형통' 메뉴를 개설, 창구를 일원화했다.

또 민원을 제기하려할 때 느끼는 가장 큰 불편사항으로 '담당직원을 만나기가 힘들다'가 하나고, 두 번째는 '1층부터 9층까지 민원사항별로 담당자를 찾아 사무실 이곳저곳을 방문해야 해서 번거로웠다'이다.

시청사 1층 민원실에 모든 민원을 총괄하는 민원담당관을 신설했다. 안내 및 길잡이 역할을 해줄 민원심사팀도 만들었다. 업무별 담당자를 찾아 배회하지 않고 이곳만 찾으면 모든 민원의 실마리를 찾을 수 있도록 지원하는 시

부천시 콜센터에서 1일 상담원 체험

스템이다.

민원심사부서를 방문하면 1차면담을 실시한다. 관련부서담당 직원을 불러 충분한 대화가 가능할 수 있도록 지원해 준다. 담당직원을 통한 민원해소가 어려울 경우 담당과장, 국장, 시장인 나도 이곳에서 상담에 임하게 된다.

이젠 담당직원이 출장 가서, 휴가 가서 못 만나고 돌아가는 사례는 없게 된 것이다. 민원해결을 위해 고층 사무실까지 어렵게 직접방문을 해야하는 불편도 없앴다. 시민이 편리한 시간에 면담이 가능할 수 있도록 상담예약도 가능토록 하고 있다.

나아가서 이곳에서는 중대한 민원사항이 소모적인 소송으로 확대되기 전 관련분야 전문가들로 하여금 미리 판단을 받아볼 수 있도록 하는 민원배심원제 운영도 계획하고 있다.

이 외에 변호사 법률상담, 세무상담, 부동산 상담도 가능 할 수 있도록 관련 전문가들이 참여해 요일별, 시간별로 무료 상담을 해드리고 있다. 금융기관도 있다. 취업상담센터인 부천일자리센터도 있다. 공동주택 상담센터, 뉴타운 상담센터도 자리하고 있다.

시청 1층 민원실은 이제 시민들이 필요로 하는 제반사항을 One-Stop으로 해결해 드리는 '만사형통'의 기능을 하게 되는 것이다.

불평민원 제로, 소소한 제안은 정책으로 탄생

배를 이끄는 선장은 갈 곳을 정한 다음 방향키를 돌린다. 가다보면 풍랑이 일고, 예기치 않는 거센 해일로 배가 뒤집힐 위기의 순간을 맞기도 한다. 순항을 위해서는 온전한 나침반이 필요하다. 나침반 없는 진행은 무모한 행진일 뿐 올 곧은 순항을 예단하기는 힘이 들기 때문이다.

시민들이 쉽게 시청을 방문해 온갖 불평을 말하고, 정책을 얘기 할 수 있도록 통로를 잘 구축해 놓았다. 분야별 모든 민원사항, 제안사항에 대해서는 앞으로 수립할 정책에 담아낼 것이다.

이것은 시민의 소리가 바로 부천시가 나아가야 할 바른 방향을 제시하는 온전한 나침반 기능을 할 수 있을 것으로 믿기 때문이다. 이용에 불편한 사항이나 발전 보완 사항에 대해서는 아낌없는 시민의 의견을 기다리고 있다.

행정에 있어 올바른 정책수립 매우 중요합니다. 첫 단추를 잘못 꿰면 어김없이 잘못된 결과를 초래합니다. 그렇더라도 잘못 꿴 단추는 다시 꿰면 됩니다. 행정은 다시 꿰지 못합니다. 막대한 손실비용까지 수반되기 때문입니다. 여러분의 소리가 바로 부천시가 나아가야 할 바른 방향을 제시하는 온전한 나침반기능을 할 것입니다. 분야별 모든 민원사항을 정책수립의 기초로 잘 활용되어져야 합니다. 쉬운 민원제기 시스템 구축 그래서 매우 중요합니다.

▸ 현장에서 함께 답을 찾을려는 노력 좋아보입니다. 부천시 파이팅입니다.

(김영석 2012-05-21)

▸ 현장을 찾아다니거나 인터넷 민원에 빠르게 답변해주시기 위한 노력이 좋아보입니다. 특히 시장님에 대한 민원을 성실히 응답하시기 위해서 민원담당관부서를 만드신 것에서 노력하시는 모습이 보여집니다. 노력이 노력으로 끝나지 않고 꾸준히 발전하기를 바랍니다.

(이민정 2012-05-19)

▸ 시장에게 바란다 민원은 직원들이 알아서 처리하고 종결하는 줄만 알았습니다. 우연히 부천여고를 지나던 길에 주민들과 불편사항 해소를 위해 대책회의하는 시장님을 보았습니다. 깜짝 놀랐습니다. 내용인즉 시장에게 바란다 현장 불시방문 현장처리라 들었습니다. 동에 번쩍 서에 번쩍 생활불편 현장을 나서시는 시장님 신선하게 다가섭니다.

(김인숙 2012-05-18)

지방자치의 꽃
'주민참여예산제'가 답이다.

지금까지 지방자치단체의 예산편성과 사업의 집행은 행정주도의 일로만 인식되었다. '스스로가 살아가는 도시의 주인으로 참여한 만큼 살아가는 지역에 획기적인 변화가 온다.'라는 신념과 사명감을 심어주고자 했다. 지방자치단체장에게 법적으로 부여된 예산편성권한을 지역주민들과 공유하는 부천식 주민참여예산제 운영을 시작했다. 동네부터 부천시 전역에 이르기까지 발전적으로 획기적인 변화를 일으키는 일의 시작이 바로 주민참여예산제를 통해 구현되기를 바란다.

도시의 주인은 바로 지역주민

도시계획전문가 김진애 씨가 집필한 '도시를 읽는 CEO'라는 책에서 보면, '도시는 전문가가 만들고 나는 살고만 있을 뿐이라고 생각하면 큰 오산'이라고 말하고 있다. 즉 한 도시의 시민으로 살아가는 개개인의 일상 하나하나가 도시를 만들어 간다는 것이다.

도시는 그 도시에 사는 사람들에 의해 만들어진다. 시민다수가 삶의 질이 향상된 도시를 원하고, 목소리로 그것을 요구하면 그 도시는 점차로 그렇게 변화되어지는 것이다.

지금까지 지방자치단체장 중심으로 운영돼왔던 예산편성권한을 가장 먼저 시민 앞에 내려 놓았다. 스스로가 살아가는 도시의 주인으로 참여한 만큼 살아가는 지역에 작은 변화를 도모해 나가는 것, 얼마나 기분좋고 뿌듯한 일이겠는가?

각 동별로 구성된 참여예산 주민회의

지방자치단체장에게 법적으로 부여된 예산편성권한을 지역주민들과 함께 중지를 모아나가는 부천식 주민참여예산제 운영을 시작했다. 각 동별로 구성된 참여예산 주민회의를 중심으로 2010년 3개동 시범운영에 이어, 2011년

상동소망어린이공원에서의 현장대화 모습

도부터 시 전역으로 확대해 본격적인 운영을 시작했다.

대부분 긍정적인 반응이었다. '전례 없던 다양한 계층이 한데 모여 내가 직접 살아가고 있는 지역의 문제해소에 하나의 목소리를 내는 토론의 장 자체로 좋다. 함께 살아가는 주민들과 화합을 도모하는 발전의 장이라는 생각이 들었다.'는 얘기도 있었다.

하지만 제도보완을 바라는 목소리도 있었다. '주민참여예산제에 참여할 동 위원을 구성할 때 제한을 할 것이 아니라 관심 있는 주민의 자율적 참여가 이뤄질 수 있도록 개선이 필요하다.'는 등등이다.

우리 동네는 우리가 맡는다

몇 번의 주민회의를 통해 필요한 사업을 여러 건 선정한 이후, 위원들은 폭넓은 의견수렴을 위해 주민들의 왕래가 잦은 대형마트, 전통시장, 공원 등으로 나간다. 사업리스트를 게시해 놓고 선호하는 사업에 스티커를 시민들이 부착토록 하는 방식으로 사업을 결정하게 된다.

시에서도 주민회의에서 선정된 동별 사업에 대해서는 의견을 최대한 존중해 구체화할 수 있도록 하고 있다. 한정된 예산의 현저한 초과가 우려 되거나 지역에서 주민 간 갈등을 야기하는 등 쟁점이 예상되는 부분에 있어서는 '시민위원회', '조정위원회'에서 별도로 다뤄 나갈 것이지만 동 위원회의 의견을 존중하는 방향으로 진행하고 있다.

참여예산시민위원회 회의 모습

지역 주민 참여가 관건

모든 것이 첫술에 배부를 수는 없다. 다양한 긍정과 부정의 얘기들이 나올 수 있을 것이지만, 최대한 의견수렴을 통해 시민참여가 실질적으로 보장되는 '부천식 주민참여예산제도'로 정착될 수 있도록 운영하는 것이다.

주민참여예산제 성공의 관건은 주민들이 쉽게 참여할 수 있는 시스템과 시의 확고한 의지에 달려 있다. 주민참여예산제에 대한 시민 마인드 함양을 위해서 주민참여예산제 연구회와 시민예산학교 실질적 운영을 지원하고 있다.

바쁜 시민들은 주민참여예산 홈페이지(http://budget.bucheon.go.kr)를 통해서 참여할 수 있다. 상상무한도전 메뉴에서 예산이 반영되었으면 하는 사업을 제안을 하면 된다. 시민공감 홈페이지(http://create.bucheon.go.kr)를 통해서도 참여할 수 있다.

주민참여예산제도 시행 후 주민의 변화된 열정을 느낍니다. 한명이라도 더 의견 수렴을 위해 필요한 사업 리스트를 들고 주민 왕래가 잦은 대형마트, 전통시장, 공원 등에 직접 나서는 것을 보면서 희망을 갖게 됩니다. 더 나은 부천, 더 행복한 부천을 만들기 위해, 많은 시민의 주인된 관심과 참여를 기대합니다.

▸ 불필요한 사업을 추진하지 않을 수 있는 브레이크가 생긴 것 같네요. 그래도 현실성 있는 창의적 제안에 대해서는 잘 걸러줬으면 좋겠네요
(이부성 2011-06-03)

▸ 예산 편성권을 시민이 갖는다는 것, 정말 괜찮은 플랜이네요. 2010년 성남시의 모라토리엄 선언을 지켜보면서, "제2의 성남시"가 수도권 지자체 곳곳에서 도미노처럼 번지는 건 아닌지 싶었는데, 부천시의 예산이 2012년 주민참여 예산제를 통해 꼭 필요한 곳에 짜임새있게 편성되었으면 합니다.
(서미경 2011-06-03)

▸ 시민의 예산참여, 정말 중요한 것은 시민의 뜻이 반영되느냐입니다. 시민의 뜻이 잘 반영될 수 있도록 해 주세요
(황규환 2011-08-20)

▸ 저도 역곡3동 주민참여예산위원으로 참여해보았습니다. 이제 시작단계라 문제점도 많지만 그래도 주민들이 참여할수있다는 자체가 상당히 좋은제도라 생각됩니다. 꾸준히 보완하면서 발전되리라봅니다.
(주상국 2011-08-20)

길주로에 중앙공원 규모의
'가로공원'이 생겼다

오늘날 대한민국의 심장기능을 하고 있는 테헤란로는 지하철 2호선 개통이라는 물리적인 환경변화가 있었음에도 불구하고 특색을 지니지 못한 대로에 불과하다가, 삼성무역센터가 들어서면서 사람들이 모이는 공간으로 거듭났다. 여기서 주목할 점은 사람들을 끌어모을 수 있는 앵커기능을 할 시설이나 프로그램의 중요성이다.

부천의 지하철 7호선도 마찬가지다. 사람들을 모을 수 있는 매력적인 요인을 제공하지 못한다면, 오히려 빨대효과라는 위협요인을 제공하고 말 것이다. 이런 위협요인을 기회요인으로 변화시킬 부천시만의 대응전략은 바로 길주로 '가로 숲길' 조성 사업이었다.

떠오르는 부천의 명소, 길주로

부천에 본격적인 격자형 지하철 시대를 알리는 첫 신호탄 격인 지하철 7호선 개통과 맞물려 길주로를 차량중심에서 보행과 문화가 공존하는 활력 넘치는 국내 최고의 테마거리로 조성하고 싶었다. 하지만 그런 의욕적인 계획은 의회에서 예산을 삭감하는 바람에 아쉽게도 수정이 불가피하게 되었다. 보다 적은 예산으로 할 수 있는 것이 무엇인지 고민한 끝에 차선책으로 '가로

길주로 가로숲길 조성 사업

공원, 푸른 숲길' 조성을 진행하게 되었다.

　새롭게 탄생한 길주로 가로공원은 중동IC에서 춘의역에 이르는 면적 102,731㎡ (30,850평)이다. 가로수로 느티나무 등 2종 520주, 띠 녹지로 화살나무 등 14종 19,187주의 나무식재가 이루어졌다. 디자인 벤치, 조형물도 자리 했다. 이정도의 수종과 시설과 면적은 중앙공원에 버금가는 새로운 공원을 확보하는 의미를 갖는다. 길주로가 중앙공원 버금가는 가로공원, 푸른 숲길로 탄생한 것이다.

　프랑스 파리의 샹제리제, 일본 도쿄 도심이 인상적인 것은 무엇보다 빼어난 수형(樹形)의 가로수 길 같은 것이 아닐까 싶다. 이제는 부천하면 떠오르는 곳이 바로 길주로 가로 숲길이 되기를 바란다.

길주로에서 늘 푸른 가로 숲길을 만난다.

길주로(서울외곽순환고속도로 중동 나들목~춘의동 종합운동장) 양쪽 보도 6km 구간에 느티나무 터널 숲길을 조성했다. 기존 가로수였던 은행나무를 느티나무로 전면 수종 갱신을 단행한 것이다. 은행나무는 수형이 좋지 않아 가로 경관을 저해한다는 여론이 있었고, 나무 열매 특유의 냄새는 골칫덩이로 주민들의 민원이 끊이지 않았기 때문이다.

현재 길주로 보행도로로 확보하고 있는 편도 폭은 평균 14m의 길이이다. 이곳에 터널 가로수, 녹지대가 차지하는 4m, 보행도로 3m, 자전거도로 2.5m를 확보하고, 상가와 가로수 사이 이격 거리도 기존 3m에서 더 넓혀 상가앞의 미관을 획기적으로 개선했다.

또한 도로 다이어트 등을 통해 확보된 곳에는 철쭉류, 낙상홍, 흰말채, 사철, 조릿대 등을 식재함으로써 사계절 다양한 꽃과 열매, 단풍을 감상할 수 있도록 녹지대도 조성했다.

길주로에 들어선 역사는 총 4곳(상동역, 시청역, 신중동역, 춘의역)이다. 이곳에도 대형 소나무와 관목류, 꽃 등을 식재해 녹지를 만들고, 역사 주변 인도에는 어린이들이 도심에서 쉽게 접하기 힘든 희귀하고 신기한, 다양한 식물을 식재해 자연생태를 학습할 수 있는 기회로도 활용 될 것이다.

경쟁력 있는 길주로가 되기 위한 조건

서울과 인천을 동서(東西)로 연결하는 지하철 7호선 개통은 교통체증 해소는 물론 부천 발전의 원동력이 될 것으로 기대하고 있다.

하지만 빨대효과(Straw effect)라는 단어가 있다. 이는 좁은 빨대로 컵의 음료를 빨아들이듯이, 고속도로나 고속철도의 개설에 즈음하여 대도시가 주변 중소도시의 인구나 경제력을 흡수하는 대도시집중현상을 말한다. 가장 비근한 예로, KTX와 지하철 1호선이 천안까지 연결되면서 충남지역 주민들 상당수가 수도권으로 원정쇼핑이 가능해져 지역상권을 잠식하는 결과를 낳았다.

부천지하철 7호선 주변에 사람들을 모을 수 있는 앵커기능을 할 시설 및 프로그램을 확보하지 못하게 된다면, 지하철 7호선은 빨대효과라는 위협요인을 제공할 수도 있다. 이런 위협요인을 기회요인으로 탈바꿈시키고자 길주로를 사계절 내내 울창한 푸른 숲길을 만날 수 있는 가로공원을 조성한 것이다. 프로그램을 채워나가는 일은 계속 진행 중이다. 역동적인 부천의 명소로 온전히 자리할 길주로를 기대한다.

> 행정의 문제는 '만드는 것이 끝이다.' 라는 시각에 있습니다. 준공이 비로소 시작이라는 관점을 고수해 나가고자 합니다. 길주로 또한 가로숲길 공원부터 시작 하지만 특별한 프로그램들로 채워나갈 예정입니다. 특색 있는 조형물과 예술작품, 멀티미디어를 기회로 다양한 축제와 이벤트가 생동하는 길주로, 더 특별한 매개체로 톡톡히 앵커기능을 해 나갈 길주로를 생각합니다.

▸ 20년 이상을 부천에 살면서 후회도 많이했는데 오랜만에 반가운 소식이네요. 명품가로공원이 될 수 있도록 해주세요. 이왕이면 도로차선도 2차선 정도 줄여 차량 소음도 줄이고 숲을 넓혀 쾌적한 환경만들어주세요.

(이관구 2012-06-15)

▸ 숲길이 생긴다니 무척 기대 됩니다. 춘의역까지 할 게 아니라 부천 초입인 까치울역까지 해주세요.

(김태정 2012-06-04)

▸ 가로수로 은행나무는 정말 아닙니다. 길바닥에 떨어질 때면 짖이겨진 은행, 정말 도로를 망치더라구요. 이번에 뽑은 은행나무는 한적한 야산이나 뒷골목에 이식하고 경쟁력있는 길주로에는 번듯한 가로수가 식재되어져야 합니다.

(성은호 2012-05-28)

▸ 가로수길이 생긴다니 참으로 푸른 녹색의 편안한 안정이 느껴지네요. 발전하는 부천, 살기좋은 부천을 응원합니다.

(라순덕 2012-05-26)

▸ 은행나무 대신 느티나무를 심는다니 참 좋은 아이디어네요^^ 중동IC에서 춘의역까지 길주로 가로공원 너무 좋습니다. 더불어 다음 계획은 1호선 구간쪽으로 연결이 되는 멋진 가로 숲길도 만들어주세요. 부천시를 걸어서 또는 자전거로 쉽게 산책할 수 있는 아름다운 부천을 상상해봅니다.

(하원주 2012-05-26)

▸ 참으로 멋있는 계획입니다. 명품 가로공원이 탄생할 것을 생각하니 시민의 강(샛강)과 함께 부천시민으로서의 자랑거리가 하나 또 탄생하는 것 같습니다.

(연재흠 2012-05-26)

▸ 길주로에 가로공원 숲길이 생긴다니 반가운 소식입니다. 웬 땅을 연일 파헤치는지 소음에 짜증 만땅이었는데, 길주로 가로숲길을 탄생시키려고 낮부터 포크레인이 그토록 진동을 쳤나봅니다. 부천에 제대로된 가로숲길은 길주로 가로 숲길이 되는 거네요? 좋은 숲길 잘 만들어 주세요.

(조인성 2012-05-25)

시민 갈등의 중심 화장장,
해결의 실마리를 찾다

장사시설은 공익시설이다. 시민들이 불편을 겪지 않도록 행정기관이 나서서 대책을 마련 해 줘야 하는 필수 시설인 것이다. 가진 자나 그렇지 못한 사람이라 하더라도 시간적, 경제적, 심적인 어려움을 덜 겪도록 해줘야 하는 것이 지방자치단체의 책무이기도 하다. 가장 이상적인 대안은 '1 시·군, 1 화장장'이다. 그러나 화장장에 대한 주민들의 혐오시설이라는 부정적인 인식확대와 조성에 따른 복잡한 절차, 예산 수반의 어려움을 고려 할 때 차선책은 인근 지자체 화장시설의 공동 활용과 광역 차원의 수요와 공급을 감안한 화장장 건립일 것이라고 생각했다.

'계륵' 같은 화장장, 곳곳에서 마찰

지난 2005년 2월, 부천시 추모공원(화장장) 예정지를 춘의동으로 발표한 이후 시정(市政)은 온통 시청 잔디광장, 시내 역사를 비롯, 곳곳에서 찬·반 서명운동, 찬·반 시위 등 화장장 관련으로 첨예하게 대립하며, 갈등의 골이 깊었었다.

결국 지난 6년간 시민들의 찬·반 대립으로 불신과 갈등의 폭이 커지기만 했을 뿐 진전을 보일 기미는 없었다. 이웃 도시인 구로구와도 불편한 관계를 유지해왔었다.

찬성 쪽의 의견을 들어보면, '지역에 장례시설이 없는 관계로 시민들이 3일장을 치르지 못하고, 4~5일장을 치르는 등 고통을 받고 있다. 특히 지방까지 시신을 모시고 방황하며 장례를 치르고 있는 실정이고, 다른 지역 화장장을 이용할 경우 외지인에게 적용하는 부가금으로 현지인에 비해 최고 20배의 비용을 더 부담해야 하는 불이익을 감수해야하는 어려움이 있다.' 라고 말하며 자체 화장장을 확보해야 한다는 논리를 펼쳤다.

하지만 반대쪽의 입장에서는 추모공원이 들어서면 대단위 아파트 단지와 야트막한 야산하나 사이에 자리하고 있어 인근 지역주민 뿐 아니라 구로구 주민들의 생활불편 초래, 환경문제 발생, 재산가치 하락, 장소결정에 주민동의 없는 비민주적인 결정 등을 이유로 반대 주장을 팽팽하게 이어가고 있었다.

6년간 갈등만! 진전없는 화장장 건립계획

부천시는 추모공원 조성지로 춘의동에 내부방침을 정한 후 2005년 부천시 도시계획시설(화장장)로 결정고시하고, 개발제한구역 관리계획 승인을 위한 절차를 이행해 가고 있었다. 국토해양부는 개발제한구역 수립지침을 변경해 "개발제한구역이 두개 이상의 특별시·광역 시·도와 걸치는 경우에는 관련 시·도지사가 협의하여 공동으로 개발제한구역관리계획을 수립 하여야 한다"는 규정을 마련했다. 부천시에 추모공원조성을 위해서는 경기도와 서울시가 협의를 하지 않으면 안 되는 상황에 놓였다.

결국 부천시 추모공원 입지 확보를 위해 국토해양부에 제출했던 개발제한
구역내 관리계획 승인절차는 서울시(구로구⇔부천시)와의 불협화음으로 치
닫게 되면서 협의에 난항을 겪게 되었고, 중앙도시 계획위원회 심의 등 중앙정
부의 승인은 장기간 지연 및 보류 상태를 유지하게 되었다. 지역에서 화장장
조성문제는 지난 6년간 주민 간, 지자체간 갈등만을 증폭시켰을 뿐 한발자
국도 나아가지 못했다.

부천시 화장장마련을 위한 춘의동 추모공원 조성계획을 비롯 새롭게 장사
시설 입지 확보를 위한 대안마련이 현실적으로 불가능한 상황이었다. 그래서
부천시는 국토해양부에 추모공원이 포함된 '수도권 개발제한구역 관리계획
승인' 취하를 신청하게 되었고, 부천시에서 추모공원 건립 계획을 폐기키로 결
단을 내리게 되었다.

화장장의 새로운 대안, 이웃도시에서 찾다

부천시 자체 화장장 확보 요구의 당위성은 두 가지 문제에서 출발한다. 오
전 화장이 힘들다는 것이 하나로, 화장장을 보유하고 있는 지역에서 외지인
에게 오전시간을 통제하기 때문이다. 다른 하나는 비용 문제이다. 외지인에
게 많게는 현지인보다 20배 이상 화장비용을 요구하는 게 현실이었다.

부천에 화장장을 짓지 않는 대신 새로운 대안을 이웃도시 인천시에서 찾았
다. 역사적으로나 지리적으로 공동 생활권역 맥을 유지하고 있는 인천시의
도움을 받는 것이었다. 적극적인 의견교류 끝에 장사시설을 비롯 체육 등 기
타시설을 지역주의를 넘어서 공동으로 활용할 수 있도록 합의했다.

부평–부천 공동발전을 위한 협약식

그동안 인천시민들은 오전에, 인접 주민들은 오후에만 화장장을 이용할 수 있도록 했던 것을, 2011년 5월 1일부터는 부천시민도 인천의 화장장(인천가족공원)을 오전 시간대에 이용할 수 있게 해주었다. 하나의 어려운 문제가 해결되는 순간이다. 이것이 바로 연대의 힘이었다.

그러나 비용문제는 여전히 남는다. 인천화장장만 하더라도 오전 사용은 가능해졌지만, 비용은 부천시민을 비롯한 외부인은 여전히 1백만 원을 부담해야만 했다. 그래서 부천시는 예산편성을 통해 지원해주는 체제를 마련했다.

화장시설이 없는 경기도 안양, 구리, 의정부 등 7개시군, 전국적으로는 33개 시·군에서 지원방식을 택하고 있는데, 부천시도 조례제정을 통해 지원 근거를 마련한 것이다.

과연 새로 짓는 것 보다 화장장려금을 지원해주는 것이 더 나은 것인가라는 의문이 생긴다. 부천시 자체 화장장 확보를 위해 추모공원 신축비용으로 277억원을 계상하고 있었다. 토지 매입 비용까지 포함하면 300억원에 이른다. 또한 직접 시에서 운영할 경우 유지관리 비용은 연간 12억정도로 추산된다. 건물은 감가상각에 따른 사용기한(내구연한)이 있기에 일정기한이 지나면 재건축을 해야 하므로 그 비용도 만만치 않다. 이렇듯 자체적으로 화장장을 확보하기 위해서는 막대한 예산이 들어간다. 이웃화장장 활용과 그에 따른 일부 화장장려금 지원 금액을 따져보면 손해는 아니라는 분석이다.

물론 항구적인 해결책은 아니다. 하지만 현 상황에서는 최선이라 생각한다. 화장장이 없다는 이유로 이곳저곳을 수소문하고 다녀야 했고, 오전 화장 불가로 불편을 감수해야만 했던 지난 상황에 비하면 절반의 성과로 의미를 부여해도 되지 않을까?

화장장관련 지난 6년의 부천시의 상황은 대립과 갈등의 형국이었습니다. 인근지자체와의 연대와 협력체제유지로 단기적인 화장장문제해소는 나름 큰 성과로 생각합니다. 항구적인 대책으로 준 광역시 개념의 화장장 조성, 광역 차원의 화장 수급을 감안한 경기도가 중심이 되는 광역 화장장 조성을 생각합니다.

▸ 동분서주했던 불편했던 기억이 생생합니다. 인천화장장 오전이용 제도는 부천시에서 화장장 관련 분란이 시작되면서 비롯된 것 아니었던가요? 이런 해결책도 있었군요. 왜 6년간 갈등만 계속됐을까요? 답답합니다. 오전 화장문제해결, 화장비용 일부 지원 80%까지 안될까요? 아무튼 현실적인 대안인 것 같습니다.
(조영식 2011-04-29)

▸ 부천시의 화장장 해결책을 고심하고 노력한 결과가 보입니다. 부평 화장장을 함께 사용할 수 있고 비용도 시에서 절반 부담한다니 부천시민으로서는 매우 반가운 일입니다.
(바이오 2011-04-29)

▸ 좋은 소식입니다. 아직까지 화장장은 주민들의 기피시설로, 필요하다고 생각은 하지만 막상 자기집 근처에 들어선다고 생각하면 반대를 하는 것이 인지상정이라고 생각합니다. 인천시와 협의를 통해 5월부터 큰 불편없이 사용할 수 있게 된 것에 감사하는 마음을 전합니다. 비용문제는 우선 지원하는 것으로 해결을 하고, 광역화장장으로 방향을 잡아서 추진을 해 나간다면 좋은 결실이 있을 것으로 생각합니다.
(김희석 2011-04-30)

▸ 솔직히 부천에 화장장을 짓는다는 것은 찜찜한 일입니다. 건축할 만한 장소도 마땅치 않고, 화장장의 이미지 또한 부천의 가치 하락에 일조하다 보면 부천의 부동산 가치도 일정부분 타격이 있을 것 이고 시민들로서는 바람직한 현상이 아니겠지요. 이 모든 게 다 시장님의 발로 뛰는 행정의 덕분입니다.
(김덕훈 2011-05-01)

시민 자발적 기부로 탄생한
부천시민의 숲

도시에 살아가는 시민 1인당 필요로 하는 표준 숲의 면적은 6㎡라고 한다. 우리 부천은 근린공원(28개소), 어린이공원(107개소), 소공원(80개소), 체육공원(4개소), 자연녹지공원 등 219개 공원을 확보하고 있지만 1인당 녹지 면적은 5.33㎡로 표준면적에 미치지 못한다. 작은 면적에 인구밀집도가 전국에서 서울 다음으로 높은 상황에서 어쩔 수 없다는 푸념보다는 부천의 숲 가꾸기 일을, 녹색공간을 확대 해나가는 것을 중요사업으로 본격화해 나가고자 한다. 시민기부의 숲 조성 사업은 이런 취지에서 기획되고, 추진하기에 이르렀다.

내 나무 심기, 그 뜨거운 열기

매년 식목일 즈음에 현장에서 들려오는 시민의 소리는 나무를 심어야 하는데 도심에 공간이 녹록하지 않다는 얘기다. 식목일에 보다 많은 시민들에게 기회를 마련해주고 싶었다. 그렇게 기획된 것이 '시민 사연이 있는 내 나무 갖기 사업'이다.

결혼, 출산, 가족 행사 등 개인적인 기념일이나 기업 창립일 등 중요한 날

내 나무 심기 행사에 참여한 시민과 함께

을 기념하는 의미를 담아 시민 숲 가꾸기 사업 계획을 밝히고, 기부 수목 신청을 받았다. 짧은 시간에 700 여 명이 참여 의사를 밝혀주었고, 행사 당일에 현장에 직접 나와 구슬땀을 흘리며 같이 나무를 심었던 시민들의 행복한 얼굴을 잊을 수가 없다.

나무를 심고 돌아간 이후에도 관심은 계속 이어졌다. 시정메모에 소회를 댓글로 달아준 여러 시민들의 소리는 이렇다.

'힘들기도 했지만 가족과 함께 나무를 심을 수 있어서 좋았다.', '이런 행사를 기획하고 정성을 다하는 공무원들의 노고가 고마웠다.' '식목행사 다음 날에도 현장을 들렀는데 내 나무에 물이 뿌려져 있었다. 세심한 사후관리는 너무나 인상적이었다.'는 내용들로, 참여한 시민들 모두 흐뭇해하는 반응을 보였다.

다음 행사에도 참여하겠다는 소망을 읽을 수 있었다. 사정상 참여하지 못했던 다수 시민의 아쉬워하는 소리도 들려왔다. 녹색도시 부천으로 가는 길이 머지않은 현실이 될 것임을 짐작할 수 있었다.

부천시민의 숲,
거버넌스 구현의 단초와 가능성이 보였다

꽤 시일이 지났음에도 불구하고, 지금까지 트위터, 메일, 시정메모 댓글로 기부 수목참여에 애정어린 메시지들이 전해온다.

'시민의 숲을 다녀왔습니다. 당일에는 경황이 없어 몰랐습니다. 내 나무 관리 차 시민의 숲을 찾았습니다. 여기저기 새겨진 사연 담은 글귀를 보노라니

시민의 숲에 심어진 나무의 소원 팻말

한권의 동화책을 읽는 느낌입니다. 숲이 푸르게 어우러질 그날을 생각합니다. 마음이 뿌듯해집니다.' 등이다.

부천시는 나무 심을 공간을 찾던 시민에게 터를 제공했고, 시민은 자기만의 사연이 담은 나무를 심기 위해 직접 나무를 구입해와 심고 소원의 팻말을 부착하고 나무가 무럭무럭 자라도록 세심한 관리까지 한다.

이렇게 부천시민의 숲은 탄생했다. 시민이 직접 돈과 시간과 노력을 들여서 기부의 숲을 조성한 것이다. 온전히 시민의 관심으로 숲이 탄생 한 것이다. 기부자가 직접 관리까지 한다.

요즘 시대에 맞는 행정의 트렌드로 '거버넌스'를 얘기한다. 거버넌스는 행정기관에서 기획한 일에 단순히 시민이 참여만 하는 것으로 끝나는 것을 말하는 것이 아니다. 구상 단계에서부터 함께 문제를 제기해서 입안하고, 입안된 계획을 함께 집행해 나가는 것을 뜻한다.

집행해 나가는데 있어서도 단지 확보된 시 예산으로만이 아닌, 여기에 시민의 역량을 끌어 들여 진행해 시행착오를 줄이고, 그 성과를 높이 거양해 나가는 것이 바로 '거버넌스'의 요체인 것이다.

시차원에서보면 이번에 하나의 울창한 숲을 얻었다는 효과로 멈추질 않는다. 지역에서 거버넌스 구현의 단초와 가능성을 확인했다는데 더 큰 의미를 두고 있다.

시민의 숲으로 명명된 공간에 기부자들이 직접 나서 식목하는 행사를 진행했습니다. 7백 여 명의 자발적 참여가 있었습니다. 이후까지 문의하는 시민도 많이 있습니다. 계기만 잘 마련하면 시민의 참여는 이루어진다는 확신을 갖게 되었습니다. 우리 부천시민의 위대한 힘을 발견한 것입니다.
부천시민과 함께 살맛 나는 부천, 사람 사는 세상을 잘 만들어 갈 수 있다는 믿음과 신뢰를 보았습니다.

▸ 어제 둘레길 1코스 다녀오는 길에 시민의 숲을 둘러 보았어요. 동행한 일행들이 부러워하며 다음엔 참여한다 하더라구요. 물도 잘주고 버팀목도 만들어 주시니 고마워요. 푸르게 자라는 나무를 보니 나도 덩달아 젊어지는거 같아서 좋아요.　(박진숙 2012-05-14)

▸ 처음으로 우리가족 나무가 생겼다는 생각만으로도 행복합니다. 자주 가서 커가는 모습도 보고 사진도 찍고 사랑과 정성을 다해 가꾸고 지켜보겠습니다. 소원대로 딸아이의 수능대박을 기원합니다. 좋은 행사 참석할 수 있어서 행복했습니다. 부천 참 좋은 도시입니다.
(주옥림 2012-04-18)

▸ 우리 같은 일반인들이 시 행사에 주체가 되어 참가하기가 영 어려운 일인데 오늘은 분명 우리가 주인인 듯 했습니다. 공무원들은 우리를 도와주는 서비스 맨 같았고 대접 한번 제대로 받은 기분이 들었습니다. 100만그루 나무가 심겨지는 그날까지 힘내세요.
(한근희 2012-03-31)

부천식 노점상 정책,
새로운 희망을 보다

거리를 불법으로 점유한 채 영업하는 노점상들을 단속해주길 바란다는 시민들의 민원이 끊이지 않고 있다. 특히 '시장에게 바란다' 등 시 홈페이지에 접수된 노점에 관한 인터넷 민원은 10%로, 단일 민원 건으로 상당한 비중을 차지한다. 더 이상 불법노점을 방치하기는 어려운 상황이다. 일방적 단속이라는 종전의 정비 방식도 임시방편일 뿐 큰 실효성을 거두지 못하고 있다. 노점상 문제, 어떻게 해야 할까? 여러 가지 고민 끝에 서로 상생(相生)할 수 있는 부천식 노점상 정비 방안을 마련했다.

부천식 노점상, 새롭게 시작하다

도시 미관뿐 아니라 거리를 오염시키는 거리의 불법노점상들이 지난 수십 년간 시민보행로를 잠식한 채 불법백태의 영업으로 시민들의 원성을 사왔다.

이런 불법노점에 대한 일방적인 단속은 근본적으로 문제해결이 될 수가 없었다. 단속도 그때뿐이지 또다시 영업을 재개하는 불법노점들, 행정기관과의 갈등만 깊어져가고 있는 상태였다. 서로 상생할 수 있는 노점상 정비방안을

산뜻한 디자인으로 새단장한 부천시 노점 판매대

마련하게 되었다.

부천식 노점상 정책방안은 이렇다. 궁극적으로는 불법노점 없는 가로 조성이다. 하지만 한시적으로 ▲시민의 보행권 보장 ▲안전한 위생관리 ▲도시미관 저해 요인 극복 ▲인근 상가 영업방해 제한 ▲취급 메뉴 가급적 중복 금지 등을 기조로 생계형 노점허용원칙을 마련했다.

또 길거리에 우후죽순으로 있는 노점들을 정형화된 규격, 시의 이미지에 맞는 산뜻한 디자인으로 판매대를 새롭게 단장해 선을 보였다. 새옷을 입은 판매대에서 질서있게 영업을 하고 있는 노점들, 시민들의 반응이 호의적이다.

단계적인 추진계획에 따라 우선 1단계로 송내역 남부광장과 지하철 7호선이 지나는 길주로변을 시범지역으로 선정하고 총 30여 개의 노점이 영업할 수 있도록 했다. 이어서 송내역 북부광장주변, 부천역에 이어 시 전역으로 확대

산뜻한 디자인으로 새단장한 부천시 노점 판매대

할 예정이다. 이렇게 되면 부천에는 미 정비된 채 난잡한 불법노점은 사라지고, 위생적으로도 안전한 노점들이 자리잡게 될 것이다.

부천식 노점상 대책, 정착할 수 있도록 힘을 모아야

노점상 문제는 노점의 생존권과 시민의 보행권이 충돌하는 사안이다. 어느 쪽을 일방적으로 지지할 수없는 상황이 딜레마이고 현실이다.

지금까지 노점에 대한 정책은 노점을 단속 대상으로만 보고 노점 단속 용역을 의뢰해 노점상들에게 위협을 주는 단속체제를 유지했었다. 이에 따른 부천시의 연간 노점용역비용도 연평균 4억 원 가량으로 만만치 않은 비용이 소요되었다.

앞으로는 그다지 실효성을 거두지 못하는 용역 대신 노점상을 관리하는 직원을 채용할 예정이다. 직원 채용은 지역 일자리 창출에 기여할 뿐 아니라, 시간이 지나면 전문성을 확보하게 되고 그렇게 되면 제반 상황을 유연하게 대응해 나가는데 효율적일 것이기 때문이다.

이외에도 ▲합동특별 단속반(공무원+기간제 근로자)편성 ▲가용인력으로 대집행 실시 ▲노점 단속공무원에 대한 특별사법 경찰관 지명 ▲민·검·경·관이 참여하는 '가로환경정비 실무협의회' 상설기구 등을 단계별로 적시성 있게 가동해 강력한 제제를 가해나갈 예정이다.

제도를 정착시켜 나가는 과정에 시민들의 역할은 정말 중요하다. 대다수 시민들은 불법 노점에 대해 강력한 단속을 요구하면서도 부분 노점에 대해서는 동정심을 가지고 있기 때문이다. 위생적으로 불안하고, 탈세를 일삼고 있는 불법 노점에 대해서는 노점상을 이용하지 않는 성숙한 시민의 자세를 기대한다.

'불법이 판치는 부천이 아니고, 정당하게 법을 지키며 사는 사람들이 잘 살 수 있는 부천이 되도록 시장님께서 확실히 조치해주십시오.' 라는 '시장에게 바란다' 민원 내용이 마음에 남습니다. 시민의 보행권을 우선으로 하되 침해받지 않는 범위 내에서 생존권을 인정해 주고자 '부천식 노점상 방안'을 마련했습니다. 진행하는 과정에서 저항도 드셉니다. '생계형 노점상 한시적 허용, 기업형 노점, 영원한 퇴출'이라는 정책 기조는 반드시 정착시키려합니다. 시대적 요청이고, 과제로 생각합니다.

▸ 힘든 일입니다. 그러나 질서는 있어야 합니다. 처음부터 잘할 수 없지요. 정책을 꾸준하게 시행하면 좋은 결과가 나올겁니다.
(서병갑 2012–11–09)

▸ 노점상 분들도 먹고살라고 힘들게 일하시는 건 알지만 대부분의 선량한 자영업자들에게 또 길을 다니는 사람들에게 피해를 주는 건 사실입니다. 깔끔한 거리도 거리지만 공정한 경쟁이 되면 더 좋겠죠~
(송지혜 2012–11–10)

▸ 송내북부역 부근의 노점 때문에 정말 짜증나요. 매캐한 연기며 도로오염에 구역질나는 냄새때문에 지나다닐 때마다 숨참고 지나다녔는데 이번계기로 시정되었으면 좋겠어요. 거기 닭꼬치파는 노점은 분명 기업형노점이겠지요.
(한은주 2012–11–09)

▸ 송내남부역에서 노점하는 상인입니다. 15년동안 불안해 하며 노상을 해왔습니다. 늘 노심초사했는데 이렇게 기회를 주셔서 고맙습니다. 시에서 하라는 대로 술 전혀 팔지 안고, 저녁 제한 시간 넘기지 않고, 쓰레기 잘 처리하고, 준법 영업하고 있습니다. 은혜를 입었으니 빠른기간 가계경제 회복해서 내 점포 가게 떳떳이 마련해서 자립 할 수 있도록 하겠습니다. 불편을 원망했던 시민들 소리도 많이 들었습니다. 형편이 어려우니 어쩔 수 없었습니다. 죄송했습니다.
(이수길 2012–11–10)

제 2 장
따뜻한 부천,
느낌표로 품다

친환경 무상급식,
남들보다 한 발 앞서다

의무교육은 의무급식을 전제로 해야 한다. 부모의 소득이 많고 적음에 관계없이 국방의 의무를 수행하는 군장병에게 무상급식을 시행하는 것과 같은 이치다. 교육을 국민의 의무로 규정한 것은 모든 국민에게 평등하게 교육의 기회가 돌아가야 한다는 합의를 기초로 한다. 따라서 급식도 교육의 일부이기 때문에 의무교육이라면 당연히 의무급식과 맥을 같이 해야 하는 것이다.

전국최초, 의무교육 의무급식을 실현하다

의무급식에 대한 논쟁은 지난 2010년 6·2지방선거에서 큰 쟁점이었다. 개인적으로 미래의 주인공이 될 우리 아이들에게 차별 없는 무상급식은 꼭 필요하다고 생각했고, 시민들의 지지도 높았다. 2010년 7월 시장으로 취임한 후 가장 먼저 진행한 사업이 바로 '무상급식'이었다.

무상급식을 시작하기에 앞서 예산확보가 필요했다. 재원마련을 위해 이미

전국 최초로 시행된 친환경 무상급식 현장

계획이 잡혀있던 각종 사업들을 정밀 분석해보았다. 그 결과, 낭비성 행사예산 즉 '부천무형문화엑스포' 지원 예산 등을 절감해 20억 원을 확보할 수 있었고, 그 예산으로 우선 초등학교 5~6학년 학생들에게 첫 무상급식을 시작할 수 있었다.

재정적인 여건을 고려해야 했기에 서두르지는 않았다. 단계별로 추진계획을 잡았다. 2011년 전체 초등학교 무상급식 시행에 이어, 2012년에는 만5세아와 중학교 전학년에 무상급식을 시행할 수 있었다. 의무교육, 의무급식을 비로소 실현한 것이다. 이와 같은 사례는 경기도 31개 시·군 중 부천시가 유일하다.

하지만 무상급식을 진행하는 과정에서 오해를 샀던 부분이 있었다. 학교교육경비 지원예산으로 무상급식을 시행한다는 부분이었다. 학교교육경비 지원예산과는 명확히 다름에도 이와 같은 불신을 초래했던 것은 홍보 부족에서 비롯된 것으로 생각한다. 교육경비지원 예산과는 별도로 무상급식을 실시하는 것임을 거듭 밝힌다.

친환경 식자재로 안전한 밥상

무상급식도 중요하지만 우리 아이들에게 안전한 밥상을 제공하는 것은 더욱 중요하다. 부천시 2012년 친환경 무상급식의 첫 출발은 '친환경 쌀'을 선택했다.

이는 지난 2011년 관내 62개 초등학교 학교장과 영양(교)사를 대상으로 실시한 2012년 친환경급식 지원 우선순위 및 지원방식 등에 관한 설문조사결과로, 학교장과 영사(교)사들은 친환경 쌀 공급을 최우선적으로 희망했기 때문이다.

좀 더 품질 좋은 친환경 쌀을 선택하기 위해, 지난 2011년 말 시청 구내식당에서 친환경 쌀 품평회를 열었다. 전국에서 친환경 쌀이라고 자부하는 10개의 생산자 단체가 참가했고, 품평회가 진행되는 동안 참가한 각 지역 10개 생산자단체들이 작은 부스를 마련해 친환경 쌀로 만든 음식과 고장의 특산물까지 진열해 선보이며 '한 표'를 호소하는 후덕한 모습들이 참 정직해 보였다. 보기도 좋았다. 평가단은 결국 경북문경, 전남곡성과 고흥군에서 공급하는 업체를 선정했다.

지난 2012년 4월에 부천시 친환경무상급식 지원센터가 문을 열었다. 친환경무상급식지원센터를 통해 친환경 식재료 공급에 탄력을 받고 있다.

친환경 쌀로 시작한 부천시 친환경 무상급식은 2013년에는 친환경 김치와

친환경 쌀 품평회 현장

무항생 육류를 추가, 우리 아이들이 더욱 맛있는 식단을 제공받게 됐다.

이젠 중앙정부와 경기도가 나서야

친환경무상급식은 국비지원 없이 도교육청, 시예산에만 전적으로 의존하고 있는 안타까운 실정이다.

의무교육은 의무급식을 전제로 해야 한다. 부모의 소득이 많고 적음에 관계 없이 국방의 의무를 수행하는 장병에게 무상급식을 시행하는 것과 같은 이치다.

교육을 국민의 의무로 규정한 것은 모든 국민에게 평등하게 교육의 기회가 돌아가야 한다는 합의를 기초로 한다. 따라서 급식도 교육의 일부이기 때문 에 의무교육이라면 당연히 의무급식과 맥을 같이 해야 하는 것 아닐까? 이젠 마땅히 국가와 경기도가 적극적으로 나서야 할 때라고 본다.

'남의 일이다.' 라고 생각하고 방치하면 일을 그르칠 수 있는 법입니다. 친환경 무상급식이야 말로 다름 아닌 미래 꿈나무인 우리 아이들과 관련된 일 입니다. 중앙정부와 도에서 관심을 갖고 참여하고, 시민들 또한 주인된 참견이 필요합니다.

▸ 체력은 국력~ 우리 애들 잘 먹이고 잘 키워주신다니~ 감사할 따름.. 무조건 선심 행정보다는 양질의 식사, 위생적인 식사 또한 매우 중요한 사안이죠~ 겉포장이 아니라 내용 있는 급식을 바랍니다~
(한상일 2010–9–16)

▸ 아이들 맛있는 점심 먹고 힘차게 뛰놀 듯 시장님도 힘 듬뿍 받으세요. 어느 광고의 카피처럼 멀리 가기 위해 함께 가는 것이라는 것을 잊어서는 안되겠지요. 나머지 무상급식 확대도 차질없이 일정대로 진행될 수 있기를 바랍니다.
(박병철 2010–9–14)

▸ 약속을 지켜주셔서 감사드려요. 우리 아이들이 걱정 없이 밥 먹는 생각을 하니 너무나 기쁘네요^^ 이렇게 한 가지씩 실천해 나가시는 당신에게 무한한 지지를 보냅니다.
(화사랑 2010–9–12)

▸ 개인적으로는 무상급식 반대하는 사람이지만 이왕 하시는 거라면 잘 준비하시고 실행하셔서 잘 되길 바랍니다.
(강태권 2010–9–10)

▸ 정말 잘된 일입니다. 진정 위생적이고 친환경적인 건강한 급식이 될 수 있도록 철저한 관리를 부탁드립니다.
(임영숙 2010–09–10)

돈 없어서
공부 못하는 일은 없어야 한다

모든 학생에게 교육의 기회는 평등하게 보장되어져야 한다. 특별히 학력이든, 체육이든, 예술이든, 기술이든 관계없이 분야별 재능(才能)을 지닌 학생이 직면한 경제적인 이유로 꿈을 접거나 포기하는 사례는 없어야 한다. 가난하다고 꿈조차 가난하면 안 되니까 말이다. 경제적으로 어려운 청소년들에게 더 많은 혜택이 갈 수 있도록 많은 장학제도는 꼭 필요하다.

가난하다고 꿈조차 가난할 수는 없다

2010년도 국정감사 서울시 자료를 보면 고등학교 수업료를 못 낸 학생이 8,538명에 달하는 것으로 나타났다. 또, 전국적인 통계에 따르면 수업료 미납 고등학생은 4만 여 명에 육박한다고 한다.

대학생의 경우도 상황이 다르지 않다. 서민가정의 학생들은 천만원대 등록금 마련에 주경야경하느라 하고픈 공부는 뒷전이다. 다행히 탁월한 학업성

취도 덕분에 학비 걱정 없는 대학에 진학해 마음 놓고 공부하는 경우도 있지만, 이처럼 선택받은 학생은 사실 극소수에 불과한 것이 현실이다.

2012년 초 입학시즌 즈음에 서울시립대학교의 반값 등록금이 시행되었는데, 300만원 대이던 서울시립대 대학등록금은 100만원 대로 떨어져 큰 사회적 반향을 일으켰다.

이처럼 경제적인 부담 때문에 우리 청소년이 쉽게 꿈을 접거나 포기하는 사례는 없어야 한다. 서울시립대의 사례처럼 대학의 반값등록금제도 확대는 물론이고, 그 밖의 지원책 등 제도적인 장치 마련, 사회적으로도 이들 꿈을 실현시켜 주려는 노력이 다각적으로 진행되어져야 한다는 생각이다.

장학제도로 '꿈'에 날개를 달자

부천시에는 여러 기관, 사설독지가가 운영하고 있는 장학제도가 17여 개나 있다. 재정적으로 심각한 어려움에 처해 있거나, 장학금을 충분히 받을 수 있는 우리 청소년들이 몰라서 기회를 놓치는 사례가 없었으면 좋겠다.

부천장학재단은 일정한 성적을 유지하면서 생활이 어려운 학생, 학업성적이 우수한 모범학생과 재능이 뛰어난 학생을 구분·선발해 장학금을 지급하는 시스템으로 운영된다.

기금목표액은 200억 원이다. 현재 부천시 출연금 61억 원, 기탁금 3억 원, 총64억 원의 기금을 적립하고, 이자수입으로 장학 수혜대상을 선정 장학금을 지급한다. 대상은 고등학생, 대학생으로 매년 상반기에 장학 대상자를 선정하고, 장학금은 2회로 나누어 분할 지급한다.

시장실로 찾아온 초등학생들과 함께

그리고 (사)부천희망재단은 나눔을 통해 '함께하는 삶'의 기적을 맛볼 수 있는 지역사회를 만들고자 2011년 출범한 단체이다. (사)부천희망재단의 장학사업은 기금 적립을 통한 지급 방식이 아닌, 기부자의 지정기탁방식으로 운영된다. 창립 1년의 시점에서 2천 여 명에게 장학금 수혜혜택이 주어졌다.

또 (재)부천육영재단이 오랜 역사의 맥을 이어오고 있다. (재)부천육영재단은 원혜영 국회의원이 종합식품회사 '풀무원'을 창업 한 후 운영해오다 정계 입문 후 안정된 회사경영권을 친구에게 넘기고, 받은 회사 지분 전액을 기부해 만든 것이 바로 부천육영재단이다.

앞서 소개한 4개의 장학회를 포함 ▲(재)부천근로장학재단 ▲중구장학회 ▲소사장학회 ▲새마을금고 장학회 ▲동 단위 장학회 등 부천에 17개의 장학단체가 있다.

부천사랑이 큰 분, 부천의 기부천사들

금년 초 중앙언론에 보도된 한 할머니의 이야기가 화제가 된 적이 있다. 할머니는 행상과 노점상을 해서 모은 40억대 전 재산을 충북대에 장학금으로 기탁했다고 한다. 장학금 기탁의 목적은 하나였다. '젊은 사람들이 돈 걱정 없이 공부하는 걸 보고 싶다.' 는 것이다.

우리 부천에도 부천사랑이 큰 분이 계신다. 바로 최희섭(崔嬉涉, 1919년 ~1998년) 선생이다. 재단법인 북성육성회 이사장으로 사회봉사활동, 소외된 사람들을 위해 평생을 봉사해 오셨고, 생을 마치는 순간까지 나눔과 베풂의 활동을 멈추지 않으신 분이다. 후손들은 원미구 춘의동 산 2필지 31,120㎡(당시 시가 5억원 상당)을 유지로 부천시에 기부했다.

당시 시장이었던 원혜영 국회의원은 그곳에 최희섭 선생님의 명의를 딴 동산을 조성했고, 부천사랑이 크신 분으로 선정하여 귀한 뜻이 널리 회자될 수 있도록 했다. 지금 부천시 청사 로비 주요 공간에 부천사랑이 크신 분으로 최희섭 선생님의 사진이 자리하고 있다. 앞으로 최희섭 선생님같은 부천의 기부천사들이 더 많아졌으면 하는 바람을 해본다.

충북대 할머니와 우리 부천의 최희섭 선생님과 같은 '베풂과 나눔'의 정신이 바이러스처럼 우리 사회 곳곳에 널리 확산되었으면 좋겠습니다. 특히 우리 청소년들이 돈 없어서 꿈을 접거나 포기하는 일이 없었으면 더욱 좋겠습니다.

▸ 장학금이라고 해서 공부 잘 하는 학생들만을 대상으로 하지 말고, 공부를 하고 싶으나 경제적 형편이 어려워 공부를 계속하지 못하는 학생들에게도 기회가 주어져야 한다고 생각합니다. 즉, 성적이 좀 떨어지더라도 경제적 형편이 어려운 학생들에게 혜택이 많이 돌아갈 수 있기를 바랍니다. (김동원 2012-02-25)

▸ 장학금 신청은 언제 어디에 어떻게 해야 하는지 그때그때 공지를 해서 더 많은 더 소중한 젊은이들이 혜택을 받을 수 있도록 투명하게 잘 실천해 주세요.(박철영 2012-02-25)

▸ 장학제도가 있으면 뭐합니까? 혜택을 받고 싶어도 못받는 가정이 있는데 말입니다. 저소득층 기준이 대체 뭡니까? 형편이 어려워도 집을 가진 저소득층은 해당되고, 집 없는 일반 저소득층은 제외되더군요. 이런 제도 있으면 뭐합니까? 정작 필요한 사람에게 혜택이 주어지지 않으니 말입니다. (유정열 2012-02-27)

기부천사 '부천', 행복의 홀씨를 뿌리다

기부의 손길은 겨울철에 집중된다. 하지 않는 것보다는 나은 것이기에 다행이긴 하다. 하지만 나의 바람은 계절에, 시기에 관계없이 훈훈함이 사시사철 한 결 같았으면 좋겠다. 한파가 기승을 부리는 시기에는 언 가슴을 녹여줄 따스한 손길이 더 많았으면 좋겠다.

기부천사 원조인 부천의 자존심

종종 매스컴을 통해 평생을 모은 돈을 쾌척하는 할머니부터 시작해 각계각층 인사들의 기부소식을 접한다. 본인의 삶을 위해 쓸 수도 있을 돈을 기쁜 마음으로 기부하고 있는 그 분들의 면면을 보면서 느끼게 되는 것은 기부는 반드시 여유를 전제로만 이뤄지는 것이 아닌 것 같다.

기부는 도시의 문화수준을 측정하는 척도이다. 기부는 세금과 같은 의무

아시아나 항공 다문화 가족을 위한 모국어 도서 기증현장

행위가 아니라, 자발적 행위로 이루어지기 때문이다. 즉 성숙한 시민의식이 필요하다. 통계를 보면 기부를 주로 하는 계층은 양식 있고 소양 있는 일반 시민의 참여가 많다. 기부, 그 나눔의 미학은 아무리 강조해도 지나치지 않는다. 특별히 부천에 이러한 기부천사들이 더 많았으면 좋겠다는 바람이다. 기부천사 단어의 가운데 '부천'이 들어가 있으니까 말이다.

희망을 부탁해 '부천희망재단'

부천시에 새로운 희망이 생겼다. 바로 부천희망재단이다. 경기도 최초의 지역재단인 부천희망재단은 지난 2011년 3월에 출범했다.

부천희망재단이 개소하던 날, 각계각층 인사들의 행복한 1% 기부운동이 있었다. 나 역시 월급의 1%를 기부하고 있다.

희망재단의 기부 릴레이는 계속되고 있다. 지금도 본인의 예순번째 생일을 맞이하여 1억5천만원이라는 큰 돈을 쾌척하는 시민이 있는가 하면, 부천희망재단의 희망의 홀씨가 구석구석 멀리 퍼질 수 있도록 기금을 기부해주는 시민들이 갈수록 늘어가고 있다. 참 행복한 일이다.

후원도 '개념' 있게 하자

2011년 청소년·대학생이 가장 닮고 싶어 하는 롤모델 1위인 한비야 씨 초청강의가 부천시청에서 있었다. 유명세를 반영하듯 7백석 규모의 강당에 1천여 명의 참여로 성황을 이루었다.

살아있는 경험을 전하는 한비야의 말에 특히 공감하는 부분이 있었다. '지구상 어려운 나라를 돕는다는 것 매우 중요하다. 그런데 돕는데도 개념이 있어야 한다. 도움을 준다는 이유로 고마운 마음을 강요하지 말자. 표현하지는 않아도 충분히 고마워하고 있기 때문이다.'라는 얘기다.

도움을 받는 사람이든, 국가든 간에 받는 쪽은 항상 위축되는 경향이 있다. 여유가 있다면 누가 도움을 받고자 할까? 어려운 이웃, 어려운 나라의 한결같은 소망은 가난을, 어려움을 하루빨리 벗어나는 게 최종 소망이기 때문이다.

수혜자에게 떳떳하게 받을 명분을 제공해 주는 것이 중요하다. 돌이켜보면 우리나라 역시 40년 이상을 원조를 받았던 국가였다. 원조를 주는 나라로 위상이 강화된 것은 비로소 90년대 초부터였다. 우리는 국제적 원조를 기반

복사골아카데미에 강사로 초빙된 한비야 씨와 함께

으로 국가의 위상을 확보했고, 이제는 도움을 필요로 하는 나라에 지원하는 국가로 변모하게 된 것이다.

　개념이 있다 함은 바로 이런 것이다. 지금의 도움과 원조를 마중물로 삼아 훗날 넘치는 여유를 확보하게 되었을 때, 되돌려주는 의무감 같은 것을 주는 것. 이런 명분 있는 메시지만이 원조와 수혜의 순기능을 동시에 충족시켜 생산적인 효과를 기대할 수 있다는 생각이다.

후원도 방식이 필요합니다. 취약계층에게는 무조건적인 지원이 필요합니다. 재기의 가능성이 있는 수혜자는 후원을 계기로 삶의 전환점을 만들 수 있도록 해야 합니다. 의무감을 주는 것도 방안일 것입니다. 수혜자의 필요와는 상관없이 무조건적인 후원물품 제공보다는 맞춤형 지원도 고려되어야 합니다.

▸ 글로만 보던 기부를 저도 할 수 있는 부천이라서 정말 좋습니다. 작은 것이라도 시작해보겠습니다.

(정진이 2011-12-17)

▸ 이웃을 돕는다는 것은 정말 마인드가 필요 한 것 같습니다. 기부할 때 지정기부가 좋은 것 같더라구요. 내가 원하는 대상, 물품을 기부할 수 있어서요. 좋은 일 하시는 분들 부천재단, 공동모금회 자원봉사센터 모두가 부천을 위해 일하는 거니까요.

(김영선 2011-12-16)

▸ 부천시에 기부천사가 많이 계시니 영하의 날씨가 풀리는 기분입니다. 본인의 이름이 알려지기를 바라지 않겠으나 선한 뜻을 가지신 분들 널려 알려 기부문화가 들불처럼 일어나기를 희망합니다. 부천시가 도시대상에 올랐으니 '기부' 또한 으뜸 도시가 되기를 희망합니다.

(황종배 2011-12-22)

이젠 **부천에서 용** 난다

'애들 교육문제로 다른 곳으로 이사 안가도 되지요?, 부천에서 고등학교 나와도 원하는 대학에 진학할 수 있을까요?' 현장에서 만나는 학부모들의 질문이다. 엄격히 말하면 교육권은 교육지원청에 있다. 지방자치단체가 교육권에 직접적인 관련은 없다고 하더라도 우리 시민들의 교육적인 갈증을 방관할 수는 없다. 지자체 차원에서 조금은 의지를 갖고 교육관련 지원 확대를 통해 지금 시대가 개천에서 용 나는 시대가 아니라면 부천에서라도 용이 날 수 있는 교육 환경을 조성해 나가려 한다.

우수한 학생들이 명문학군 부천으로 모이는 날을 꿈 꾼다.

우리 속담 중에 '개천에서 용 난다.' 라는 말이 있다. 물질적, 정신적으로 변변치 못한 가난한 상황에서 용이 된 것처럼 성공한 것을 의미한다. 부유하지 못한 형편에도 열심히 노력해서 부를 얻고 사회적으로 높은 지위에 이르렀을 때를 비유해 쓰는 속담 중 하나다.

이제는 개천에서는 용이 나지는 않는다고 말한다. '개천에서 용 난다.'는 얘기는 옛말이 되었다는 얘기다. 부모의 경제적·사회적 지위 수준에 따라, 지역여건과 환경에 따라 교육 수준도 결정되기 때문이다.

현재의 지방자치는 특히 기초자치단체는 엄격히 말해 교육권에 직접적으로 관여할 수 없게 되어 있다. 별도 교육을 담당하고 지원하는 '교육지원청'이라는 기관이 있기 때문이다. 교육문제가 시민과 가장 밀접한 상황에서 지방자치단체의 딜레마이고 또 고민이다.

2011년도 통계에 따르면 중학교를 졸업한 학생 중 800여명은 부천이 아닌 다른 곳으로 빠져나갔다. 이들 중 학력 상위그룹 400여명이 과학고, 외고 등 특목고, 그 밖의 좋은 대학을 갈 수 있는 여건을 갖춘 지역으로 빠져나가고 있는 것이 현실이다.

지방자치단체가 교육권에 직접적인 관련은 없다고 하더라도 우리 시민들의 교육적인 갈증을 어떻게든 해소시켜줘야 한다는 생각이다. 지자체 차원에서 조금은 의지를 갖고 교육관련 지원을 확대해나간다면, 우리 아이들이 다른 지역 우수학군지역을 찾아 배회하는 사례는 없을 것으로 본다.

교육경비 3배 증액, 소프트웨어적 부분 확대 지원

예산은 정책추진 의지의 가장 확실 표현이다. 시에서 지역의 각급 학교에 지원하고 있는 교육경비지원예산은 기존에는 일반회계기준의 1%대를 유지하고 있었다. 2014년도까지는 3%대까지 확대 지원을 공언한 바있다.

교육경비지원예산

단위 : 억 원

연 도 별	2010년	2011년	2012년	2013년	2014년	비 고
시예산액(일반회계)	8,033	7,545	8,100	8,100	8,100	당초예산
교육경비 예산액	104	137	162	202	243	
연도별 예산증가율		31%⇧	55%⇧	94%⇧	133%⇧	2010지원예산 기준 증가율
교육경비/시예산(%)	1.3%	1.8%	2%	2.5%	3%	

2012년 교육경비지원예산은 표에서 보는바와 같이 162억 원으로 배정했다. 2011년 137억 원에서 25억 원이 증가된 금액이다. 일반회계예산의 2%비율의 예산규모이다.

시에서 지원하는 학교교육경비 지원 예산이 기존에는 시설개선에 집중되었다면 앞으로는 우리 학생들의 실질적인 학력신장과 사교육비 부담을 덜어줄 수 있는 프로그램 등 소프트웨어 부문에 비중을 둔 지원을 관심 갖고 확대해 나가려 한다.

학력신장프로그램 본격 운영

그러기 위해 자기주도와 창의력을 갖춘 인재양성을 목적으로 자기주도학습 프로그램을 시작했다. 부천시의 자기주도학습은 다양한 체험과 독서활동의 장인 시립도서관과 시민학습원의 주도로 운영해 나가고 있는 것이 특징이다.

부천형 혁신학교 운영도 2013년부터 본격화한다. 혁신학교는 경기도 교육

시립도서관에서 진행된 자기주도학습 프로그램

청의 공교육 혁신모델로 2009년부터 시작해 오늘날에 이르고 있다. 문제는 경기도교육청 지정 혁신학교가 관내에 8개교로 턱없이 부족하다는 점이다. 따라서 부천형 혁신학교인 '부천미래학교'를 지정·운영해 부천시만의 적합한 공교육 모델을 제시하고자 한다.

부천시가 입시교육을 부추기는 것은 아니냐 하는 일부 비판이 제기될 수도 있다. 그러나 현장에서 만나는 학부모의 '부천에서 고등학교 나와도 원하는 대학 갈 수 있지요?'라는 질문에 부응하기 위해서라도 재정적, 제도적 뒷받침에 의무감 같은 것을 느낀다.

앞으로도 학교장, 교사, 운영위원, 학부모, 학생, 교육전문가 대상으로 꾸준히 대화를 이어 나갈 것이다. 최소한 학력우수학생들이 여건이 나은 지역을 찾아 방황하는 일이 없도록 교육지원청과 협력해서 부천을 교육적으로 좋은 환경을 만들어나가려 한다.

지구에서 가장 높은 산인 에베레스트를 1977년까지는 1년에 2팀 정도만 오를 수 있었다고 합니다. 하지만 최근에는 하루에 2팀이 오를 정도로 에베레스트 등산길은 붐비고 있습니다. 이것이 가능해진 가장 큰 이유는 바로 베이스캠프가 높아졌기 때문이라고 말합니다. 다른 지역과 차별화되고, 선도적인 교육환경이 조성되면 우리 청소년들이 꿈과 희망을 조금은 더 빨리 현실화될 수 있겠지요. 그렇게 될 수 있도록 높은 곳에 베이스캠프 칠 수 있도록 아낌없이 지원해 나가고자 합니다.

▸ 교육을 받을 수 있는 혜택은 누구에게나 공평하고 균등하게 보장되어야 하고, 지역 간에도 차별성이 있어서는 안됩니다. 개천에서 용 몇 마리 나오는 것도 필요하지만 다수의 학생들이 학생답고 인간적으로 누려야할 기본적인 하드웨어구축이 선행된 후 그 속에 소프트웨어를 채워야 한다고 생각합니다.

(한상환 2011-06-18)

▸ 소소하게 여러 분야에 걸쳐 정책의 방향을 돌아보고 시정을 연구하는 것은 좋은 것 같습니다.

(남미덕 2011-06-20)

▸ 부천도 지역별로 학업 편차가 무척 큰 도시입니다. 좋은 학군을 가진 지역에 대한 투자도 중요하지만, 삼정동이나 약대동처럼 학교 앞에 학원하나 없을 정도로 낙후된 학군 지역에 대한 대책도 필요하다 생각하네요.

(학원강사 2011-06-18)

▸ 학력증진을 위해선 우선 우리의 아이들이 행복해져야 한다고 생각합니다. 공부의 스트레스를 해소할 방법이 없습니다. 방과후 자율학습이나 학원행이 아닌 뇌를 쉬게 할 수 있는 운동, 음악, 등의 취미 활동을 통해 에너지를 충전한다면 더욱 효율적인 교육방법이 아닐까요?

(조창순 2011-06-20)

▸ 듣던 중 반가운 소식이네요. 그런데 새로운 학교를 설립하기보다 기존에 있는 학교에 전문 선생님들을 파견해서 야간 자율학습 시간에 대입준비를 위한 수업이나 아님 전문 기술수업을 한다면 사교육비도 줄일 수 있을 듯합니다

(김순자 2011-06-20)

부천 아트밸리
"부천학생들, 꿈을 연주하다"

과도한 경쟁에 지쳐 있는 청소년들에게 학업 외에 누릴 수 있는 여유와 기회는 충분히 주어져야 한다. 부천시가 가진 문화 인프라를 활용해 우리 청소년에게 감성과 마음의 여유를 불어넣는 것, 바로 부천형 엘 시스테마 '부천아트밸리' 사업이다.

이제는 감성교육이다

학교 폭력, 투신 자살, 왕따 등 연일 뉴스에서 보도되고 있는 내용들이다. 앞으로만 내몰리는 청소년들은 어떻게 해야 행복할까? 내 자식이 악기 하나쯤은 연주했으면 좋겠는데 만만치 않은 사교육비와, 예중·예고를 진학하기 위해 들어가는 레슨비에 저절로 고개가 숙여지는 부모들, 어떻게 해야 행복할까?

부천아트밸리 첫수업 현장 격려

이런 고민이 부천아트밸리사업을 탄생시켰다. 문화예술을 통해서 우리 청소년들에게 문화적 감성과 여유를 갖게 해주는 것! 게다가 부천시는 대한민국 대표 문화도시로 만화 영화 음악 등 지금까지 잘 축적해온 문화 인프라가 있지 않은가?

지금까지 축적한 문화사업의 역량, 인적자원을 시민에게 특히 우리 청소년들에게 실질적으로 체감할 수 있도록 혜택을 부여해, 문화도시에 살아가는 사람들이 문화시민으로서 제대로 본전을 뽑았다는 생각이 들도록 만드는 것, 이것도 아트밸리사업을 탄생시킨 뒷배경이다.

부천아트밸리사업은 만화, 영화, 음악 등 특정인만 소유했던 엘리트 예술을 자라나는 세대인 학생들의 정규수업으로 연계시켜 예술에 대한 관심을 높이고, 예술의 대중화차원에서 찾아오는 예술에서 찾아가는 예술 활동을 구

2012년 부천아트밸리 발표회 공연 한마당

현할 수 있는 좋은 계기가 돼 시민들에게 좋은 반응을 얻고 있다.

초롱초롱한 눈빛들이 보내오는 새로운 가능성

부천아트밸리사업은 참여를 희망하는 학교부터 시작되었다. 2011년도 상반기에 부천상인초등학교를 비롯해 지역의 62개 초등학교 중 31개 초등학교가 참여했다. 2011년 하반기에는 전체 초등학교로 확대되었고, 2012년에는 중학교, 2013년에는 고등학교 전학년이 참여하고 있다.

강사는 부천필하모닉오케스트라, 부천필코러스, 한국만화영상진흥원 만화가 등 부천지역의 풍부한 문화예술 인적자원이 맡는다. 프로그램은 14개다. 학교에서는 정규수업으로 주 2시간씩 문화예술교육을 진행한다. 학교에 프로그램별 예술교육이 원활히 진행되도록 교실 리모델링을 위한 공사비도 지원했다.

부천아트밸리사업의 첫 스타트를 끊는 날 상인초등학교가 주목을 받았다. 중앙언론도 현장을 취재하며 관심을 보였다. 프로그램은 합창을 선택했다. 합창 수업이 용이할 수 있도록 계단식 교실바닥, 보면대와 접이의자, 방음시설, 음향장치까지 갖추었다.

첫 수업에 참여한 6학년 한 학생은 "예전에 합창부 활동을 했다. 귀에 쏙 들어오고 재밌다"고 말한다. 담당교사는 "음악교실 환경도 좋아지고 엘리트 음악가의 지도를 받아서인지 아이들이 수업에 집중도 잘 한다."며 "문화도시에 걸 맞는 좋은 사업"이라고 극찬하고 있다.

이날 첫 수업을 진행한 부천필코러스 단원의 양용석(41)씨는 "첫 수업이었지만 전반적으로 흥미를 가졌고, 집중도도 좋았다."며 "앞으로 아이들이 올바른 발성법 등 기본적 소양을 갖추는데 목표를 두고 수업을 진행할 생각"이라고 말한다.

부천형 엘 시스테마 '부천아트밸리' 사업

'엘 시스테마'라는 영화가 있다. 베네수엘라 영화인 엘 시스테마는 폭력과 범죄가 판을 치는 도시에 음악이라는 키워드가 만들어 낸 기적을 이야기하고 있다. 거리의 아이들에게 음악을 통한 새로운 삶을 선물한 프로젝트가 바로 엘 시스테마로, 특정 도시에 명확한 솔루션을 제시해 성공한 사례로 평가 받고 있다.

공중파에서 종횡무진 활약중인 K-pop스타 이하이 양

이렇듯 부천아트밸리사업이 부천형 엘 시스테마로 성공적인 사례를 만들기 위해 관계자들이 최선을 다하고 있다. 지금까지의 여론을 조합해보면 순조롭게 진행되고 있다. 선생님, 학생들, 학부모들의 반응도 긍정적이다.

지난 2012년 중앙정부에서 실시한 '지방자치단체 생산성 대상평가'에서 부천아트밸리사업이 전국 최고의 시책으로 선정, 으뜸 행정상을 수상했다. 부천의 아트밸리가 성공적인 사업으로 잘 정착할 수 있도록 시민들의 의견을 반영해 문제점 및 개선사항들을 차근차근 보완해 나갈 것이다.

우리 부천교육지원청이 2012년 초 경기도 최우수 교육지원청으로 선정되었습니다. 부천시의 청소년 문화교육 지원사업인 아트밸리 사업의 영향이 컸습니다. 이런 부천의 문화적 토양에서 제2, 제3의 이하이 양과 같은 다른 방면의 스타 탄생도 기대해 봅니다.

▶ 문화도시 부천은 구호만 무성했습니다. 이제 손에 잡히는듯합니다. 악기교육을 받고 돌아온 우리 애들이 좋아합니다. 쌓아놓은 인적자원 애들에게 푸는 것 좋습니다. 학부모인 제가 오히려 뿌듯합니다. 아마추어 교습에서 프로패셔널한 강사지원, 특히 전 시민 대상으로 확대 환영합니다.

(이성수 2011-05-12)

▶ 역량있는 부천예술인들의 역량기부운동, 지식기부운동 이런건가요? 사교육비 절감 이런 거죠? 획기적인, 사려 깊은 시책 같습니다.

(황성우 2011-05-08)

▶ 엘 시스테마 영화 감동이었습니다. 또 부천에서 접합니다. 엘 시스테마 좋은 컨셉인 것 같습니다. 수준 있으신데요?

(정인수 2011-05-08)

▶ 오래전부터 문화생활과 학생들을 위해 힘쓰신 걸로 압니다!! 열심히 오랫동안 힘써 주시구요!!

(방원희 2011-05-07)

▶ 시장님과 교육장님 멋지십니다. 좋은 꿈나무들이 자라나길 기대합니다

(소금 2011-05-07)

▶ 부천으로 전학가면 부천필 수준의 연주 수강이 가능할까요? 프로페셔널한 전문가 강사와 함께하는 부천은 좋겠다. 부천필단원이 되었으면 하는데?

(조성인 2011-05-07)

보육 1번지,
아이 키우기 좋은 도시

보육사업은 시 중요정책으로 선정해서 잘 관리 되어져야 한다. 생애주기에 있어서 초기 단계에 이르는 영유아를 대상으로 하는 보육사업의 성패는 결국 미래 지역의 경쟁력과 직결되는 중요한 부분을 차지하고 있기 때문이다.

전국 지자체의 모델이 된, 앞선 부천시의 보육행정

2011년도 부천시 총예산은 1조 897억 원이다. 이중 복지예산이 836억 원으로 44%를 차지한다. 보육사업예산은 836억 원 복지예산 중 30.7%이다. 부천과 시세가 비슷한 인근 시·군과 비교해 보면 수원시 31%, 성남시 21%, 고양시 27%로, 부천시는 적지 않은 예산을 보육분야에 지원하고 있다.

중요한 것은 많은 예산확보를 통한 지원이 아니라, 효율적으로 예산을 집

부천시 보육정책에 대한 시민정책 토론회

행하고 질적으로 우수한 보육환경조성에 중점을 둬야 한다는 것이다. 부천시의 보육사업 방향도 그렇게 진행해 나가고 있다.

부천시의 보육정책은 전국에서 선도적인 위치를 차지하고 있다. 전국 최초로 장애아 전담 어린이집을 개원했고, 보육정보센터를 중심으로 통합보육사업도 부천에서 처음으로 시작됐다. 장애아 보육료 반액지원도 부천이 선도적으로 실시한 사업이다.

보육시설평가 인증사업, 국·공립보육센터 위탁 선정관리의 객관적이고, 과학적인 평가시스템에 의한 체계마련, 부천시 자체의 중기보육계획사업 추진, 보육교사들을 위한 처우 개선사업도 다른 지역에 비해 부천은 앞선 보육행정을 추진하고 있다.

이와 같은 부천시 보육정책의 성과 이면에는 중추 역할을 수행할만한 인프라가 잘 구축되어 있다는 점을 둘 수 있다. 즉 전문시설, 전문인적자원이 풍부하다. 서울신학대학교, 가톨릭대학교, 부천대학교, 성빈센트 보육교사 교육원 등 보육에 있어 이름을 날리고 있는 기관이 우리 부천에 많이 위치하고 있다. 또, 전국의 보육사업 모델을 제시하기 위해 자문하고, 중추적인 역할을 수행하고 있는 풍부한 인적자원들이 부천에 많이 있다.

부천에서 실시하고 있는 보육사업은 항상 독창적이었다. 이제는 이러한 사업들이 전국범용의 사업으로 확대 추진되고 있다. 부천의 보육사업이 전국 모델사업으로 적용하는데 단초를 제공하고 있다는 얘기다.

엄마와 아이가 활짝 웃는 보육 1번지

부천에서 태어난 대한민국 공식 5천만번째 아기

좀 더 나은 보육정책을 위해 정책토론회 등을 통해 다양한 의견들을 수렴하고 있다. 보육 전문가, 현장에서 어린이들을 보육하고 있는 시설장, 교사, 학부모들 생생한 소리에 정확한 답이 있기 때문이다. 또, 제기된 문제에 대한 대안마련을 위해 직원들과 함께 고민하는 시간도 갖고 있다.

모든 제안 사항은 단기, 장기사업으로 분류해 당장 적용이 어려운 사업은 관리를 통해 예산상황, 시스템 구축 등 정책으로 반영될 수 있도록 지속적으로 노력해 나가고 있다.

현안사업에 대해 고민이 많을수록, 소통이 많을수록 좋은 정책이 나올 것이라고 확신한다. 다양한 보육지원사업들로 엄마와 아이가 활짝 웃을 수 있는, 아이키우기 좋은 부천만들기에 주력하고 있다.

모두가 만족하는 보육환경을 조성하기 위해서는 무엇보다도 보육에 주된 축을 이루고 있는 부모, 아동, 시설장, 교사 그리고 관련전문가, 행정기관과의 유기적인 협업 관계가 우선되어야 할 것입니다. 지금까지 부천시가 기반을 확보한 보육인프라를 잘 활용하고, 중심과제를 잘 설정한다면, 전국에 있는 부모들이 모두 부러워하는 '보육 1번지 부천'이 될 것이라고 확신합니다.

▸ 교육도시 대전에서 살다가 부천에 왔는데, 처음엔 학교도 너무 낡고 시설도 부족하여 많이 속상했습니다. 하지만 학교를 사랑하고 아이들을 제대로 가르치려 노력하시는 선생님들과 선생님을 믿고 따르는 아이들 덕분에 점점 부천이 좋아지고 있습니다.

(성정희 2011-04-19)

▸ 건물을 짓고, 시설을 만들고 그것만이 최고는 아니지요. 돈만 있으면 누구나 할 수 있을 것이니까요. 대화를 통해 시스템을 점검해서 현재의 주소를 파악하고자하는 것. 소통이고, 시민정책토론회라는 생각을 했습니다. 좋은 시도이고, 분명 부천은 좋은 방향으로 변화하고 있습니다.

(조영심 2011-04-16)

▸ 부천이 8학군의 명성을 얻으려면 특목고로 빠지는 아이들을 막아야 합니다. 해마다 입시실적을 신문에서 공개하더군요. 이 아이들을 부천시에서 학교를 다니게 한다면 실적은 더 좋아지겠지요.

(송연옥 2011-04-17)

▸ 용이 되어야 잘 사는 사회가 좋은가요? 저는 미꾸라지나 작은 붕어들이 잘 사는 부천이 되면 좋겠는데요. 그리고 용된다는 의미가 서울대학교 같은 명문대에 입학하는 것을 의미하나요? 이런 것이 부천의 철학이라고 생각하면 참 씁쓸합니다. 기숙학교를 만들어 아이들을 경쟁으로 몰아가는 교육을 하겠다는 의미가 아니길 바랍니다.

(소사구 주민 2011-06-18)

평생교육의 메카,
부천시민학습원 문을 열다

교육의 격차는 제도적인 교육에만 있는 것이 아니다. 평생교육영역에 있어서도 지역 간·계층 간 격차가 심화되고 있다. 이는 결국 지방정부의 경쟁력과도 직결되는 부분이다. 따라서 시민역량을 강화하는 평생학습 부문에 행정의 비중을 두려한다.

시민의 지혜를 밝히는 등대 '부천시민학습원'

현대사회는 끊임없이 뭔가를 배워야 하는 평생학습이 강조되는 사회다. 이런 사회 속에서 시민들은 뭔가를 배우고 싶지만 그에 상응하는 학습비, 시간에 대해 부담을 느낀다. 그런 시민들을 평생교육의 영역으로 끌어들이기 위해서는 수요자가 원하는 프로그램을 개발하는 것이 필요하다. 또 학습공간이 필요하다. 곧 배움만이 미래 희망을 가꾸는 일이고 생존을 위한 필수전략이기 때문이다.

  평생학습천국 부천의 디딤돌 역할을 톡톡히 해 나갈 부천시민학습원이 지난 2011년 부천시에 둥지를 틀었다. 대지면적 1,164㎡, 시설 연면적 1,681㎡에, 지하 1층, 지상3층의 건물을 확보했다. 건물을 새로 짓지는 않았다. 시설관리공단(원미구 심곡동 181번지)이 종합운동장으로 사무실을 이전하게 됨에 따라 철거하지 않고, 리모델링 과정을 거쳐 시민들의 공간으로 재탄생되었다.

  부천시민학습원 1층은 주부들과 미취학 아이들을 위한 유아·장난감도서관, 부천시 노사공동직업훈련 지원센터가 있는 공간으로, 2층은 부천시 평생학습센터 및 부천시 자원봉사센터가, 3층은 배움과 만남(누리터 1실, 배움터 2실, 나눔터 2실)이 가능한 공간으로 꾸며졌다.

  시민들의 평생커뮤니티인 부천시민학습원은 다양한 계층의 시민들의 지혜를 밝히는 등대 역할을 해 나가는 행복한 '보고(寶庫)'로 자리매김하고 있다.

시민평생학습 = 경쟁력 있는 지방정부

  최근 0세부터 100세에 이르기까지 인생주기에 맞는 평생교육시대를 맞이하고 있다. 정보화 기술의 발달로 급격한 사회변화와 삶의 변화라는 새로운 문명시대의 등장으로 계층별, 남녀노소 관계없이 평생학습이 요구되는 시대를 살아가고 있는 것이다.

  이러한 사회적 변화에 맞춰 지방정부도 시민 생애주기에 맞는 맞춤형 학습 프로그램을 개발해, 어디서나 시민 학습기회, 정보를 제공받을 수 있도록 해

부천시민학습원에서 체험하고 있는 시민들

나가는 노력이 필요하다. 시민의 역량은 곧 지방정부의 성장과도 관련되기 때문이다.

본관이 이곳 '부천시민학습원'이라면, 분관개념의 학습원을 확대해 나가려 한다. 지역별, 거점별로 시민들의 자기개발과 사회활동 능력을 배양하기 위한 공간으로 분관 형태의 각 구별 1개씩의 '시민학습원' 마련과 운영을 계획하고 있다.

우리 시민들의 학습기회를 확대하고 지역공동체 형성을 통한 시민 성장을 도모함으로써 '시민평생학습=경쟁력 있는 지방정부' 등식을 실현하는 선도 모델을 만들어 갈 것이다.

부천시민학습원의 탄생은 끝이 아닌 평생학습도시로 나아가는 본격적인 시작입니다. 시민들의 마음가짐, 능동적인 참여가 필요합니다. 평생학습천국 부천을 만들어나감에 있어 더 갖춰야 할 사항, 보완을 필요로 하는 사항에 대한 여러분의 폭넓은 의견을 필요로 합니다.

▶ 시민들이 늘 공부할 수 있는 공간이 확보된 것만으로도 너무 기쁩니다. 개인적인 바람으로는 미싱반도 있었으면 좋겠네요.

(소시민 2011-05-21)

▶ 교육의 차별은 제도적인 교육에만 있는 것 아닌 것 같습니다. 지역이 발전해 나가려면 시민들의 역량 중요합니다. 대안은 평생학습인 것 같습니다. 시민학습원 멋집니다. 턱을 낮추고 쉽게 접근하도록 하기 위해서는 프로그램이 중요하겠네요. 역량있는 시민, 경쟁력있는 우리 부천시! 기대 많이 됩니다.

(이어진 2011-05-22)

▶소규모 10명 정도의 공간이 몇 개 필요하다고 생각합니다. 학습 동아리 모임이라고 해서 꼭 많은 분들이 참여한다고는 보지 않습니다. 전문가 중심으로 한 리더 학습모임이 있다면 비전문가 중심으로 한 리더 또한 존재한다고 생각합니다. 비전문가 중심으로 한 리더들이라고 해서 학습 분야 수준이 낮은 것만은 아닙니다. 어떤 형태이든 각각의 동아리 모임들은 그들만의 색깔을 갖추어 나갈 것이며 재미있고 즐겁게 때로는 열정적으로 참가하리라고 생각합니다.

(강철민 2011-05-20)

부천의 숨은 경쟁력,
바로 도서관

IT계의 세계적인 황제로 불리는 빌게이츠는 "오늘의 나를 있게 한 것은 우리 마을의 도서관이었고, 책 읽는 습관은 하버드 대학 졸업장보다 더 소중하다"라고 말했다. 성장기에 도서관에서 읽은 수많은 책들이 자신의 기업 아이디어를 창출하게 했고, 미래를 내다보는 깊은 통찰력을 갖게 했다는 것이다. 도서관이 부천을 지탱하는 중요한 경쟁력 중 하나가 될 수 있도록 더욱 확충해 나갈 예정이다.

도서관이 많은 도시 부천

문화도시 부천의 기본바탕은 바로 도서관에 있다. 부천은 도서관이 많은 도시, 책 읽는 부천을 위해 도서관별 특색 있는 주제도서관을 운영해오고 있다. 현재 부천시에 위치한 시립도서관은 지난 2011년 9월에 상동도서관이 개관돼 총9개소가 되었다. 여기에 작은도서관 13개소, 학교도서관, 사립문고, 이동도서관 등을 합하면 2백여개의 크고, 작은 도서관들이 자리하고 있다.

도서관 한마당에서 동화책 읽어주는 부천시장

이외에도 오정구청 앞 부지에 2016년을 목표로 시립도서관을 개관할 예정이다. 또, 소사구의 심곡도서관과 도당동에 자리한 북부도서관 등 낡고 오래된 도서관은 리모델링과 재건축을 계획하고 있다.

특색 있는 작은 도서관 확충도 속도를 낸다. 부천지하철 7호선 개통에 맞춰 상동역에 칙칙폭폭 작은 도서관이 생겼다. 부천문화원이 새롭게 들어설 공간에도 도서관이 둥지를 튼다. 도서관 취약지역으로 분류된 곳에는 무인대출반납기로 그 대안을 마련한다. 역곡지역이 시범지역이 될 것이다.

또 작은도서관을 거점으로 경로당, 지역아동센터, 주민센터 문고 등과 연계한 순회대출 서비스를 제공하고 있다. 당장은 도서관이 부족해 서비스 소외지역으로 분류된 곳에는 차량을 이용 순회하는 이동도서관(현재90개소) 운영으로 보완해 나가고 있다.

시민 누구나 편리하게 자기 집 책꽂이처럼 책을 볼 수 있도록 친근한 독서

공간을 많이 만들고자 하는 것은 문화특별시 부천을 지탱하는 힘을 바로 도서관에서 찾고자 하기 때문이다.

多多益善 도서관, 부천만의 선도적인 프로그램

도서관별 장서의 상호대차서비스가 지금은 일반화되었지만 이 제도는 전국지방자치단체중 우리 부천시에서 최초로 비롯되었다. 시립도서관이나 작은 도서관에 비치된 장서를 거주지 인근 도서관에서 쉽게 대출과 반납을 자유롭게 하는 시스템이다.

특히 부천의 시립도서관(상동, 원미, 심곡, 북부, 꿈빛, 한울빛도서관)들은

부천만화도서관에서 독서에 열중하고 있는 아이들

평일 낮 시간에 도서관 이용이 어려운 직장인들을 위해 종합자료실을 밤10시까지 야간연장운영을 하고 있다.

또, 많은 시민들이 도서관을 쉽고 자유롭게 이용할 수 있도록 도서관의 문턱을 확 낮췄다. 시립도서관에서 도서를 대출할 수 있는 회원가입자격을 남녀불문하고 전 연령대로 확대한 것이다. 부천시민 1인 1회원증 갖기 사업도 전개했다.

이제 부천의 도서관은 단순히 책을 보관하고 대출하는 장소가 아니다. 기성세대 뿐 아니라 자라나는 세대의 상상력을 자극하고 잠재력을 이끌어 내주는 곳, 꿈과 도전정신을 키울 수 있는 창조적인 곳, 시민의 지식을 밝히는 등대로 도서관이 그 역할을 충실히 하고 있다.

브라질의 꾸리찌바 시 곳곳에는 등대가 서 있습니다. 이 등대는 뱃길을 밝히는 용도가 아니라 지혜의 길로 안내하는 도서관으로, 꾸리찌바 시민들은 '지혜의 등대'라 부르고 있습니다.
지혜의 등대는 빈민과 서민의 가슴속에 희망이 싹트도록 심어준 '문화의 나무'기능을 하고 있습니다. 새롭게 창조적인 환경을 만들어 내면서 지식을 확산시키고, 지역을 근본적으로 쇄신시키는 주요한 거점역할을 담당하고 있습니다. 부천의 도서관이 시민의 지식을 밝히는 창조적인 공간으로 잘 기능하기를 고민합니다.

▸ 도서관의 필요성은 아무리 강조해도 지나치지 않을 것이고 그 도서관을 내실있게 운영해서 보다 많은 사람이 찾을 수 있는 공간으로 활용하는 것은 어떤 정책보다도 우리 시민들에게 도움이 되는 정책이 될 것입니다.
(이경애 2011-03-13)

▸ 자라나는 새싹들이 쉽게 도서관을 이용하는 것이 문화의 도시인 부천에서 가장 시급하게 이루어져야 한다고 생각합니다.
(서진석 2011-03-05)

▸ 무리하게 새로운 도서관 신축 보다는 기존의 도서관을 잘 활용바랍니다. 도서도 많이 부족하고 도서의 질도 떨어지고 다양한 분야의 도서도, 미래 발전적인 도서도 많이 부족합니다. 그리고 도서관이 어디에 있는지 홍보도 더 많이 하시고 근무자들도 전문성이 부족하고 불친절하며 근무시간도 이용자 위주로 확대 실시 등으로 운영을 개선하는 것이 우선이라 생각합니다. 하드웨어는 전임자들이 어느 정도는 준비하였으니 소프트웨어 중심으로 개선하시면 될 겁니다.
(부천사랑 2011-03-07)

▸ 가고 싶은 도서관이 되기 위해서는 우선 시설이 뒷받침 되어야 한다고 생각합니다. 그리고 초·중생들에게 도서관 이용해보기 등 과제를 통해 도서관에 접근하게끔 하는 방법도 좋을 것 같습니다.
(감사 2011-03-04)

▸ 도서관을 활성화하신다니 반갑습니다. 그런데 부천의 도서관이 어디 어디에 있는지, 구체적 프로그램은 무엇인지 한 번에 볼 수 있는 인터넷 공간이 있든지, 아님 자료라도 볼 수 있으면 좋겠습니다.
(책읽는 부천 2011-03-04)

우리 동네 보건소,
종합병원 부럽지 않다

보건소하면 시민들은 어떤 인식이 들까? 단순히 무료로 예방접종해주는 곳, 그래서 찾아가는 곳, 형편이 어려운 사람들이나 이용하는 곳... 등 그런 곳이 보건소라는 값싼 생각을 갖고 있지는 않을까? 그렇다면 사고전환이 필요하다. 부천시 보건소에 가면 머리부터 발끝까지 건강을 챙겨주니까 말이다.

보건소에 오면 건강이 보인다

금연클리닉에 참여했던 50대의 한 시민의 얘기다. "요즘 30년 넘게 피운 담배를 끊기 위해 1주일에 한번씩 보건소를 찾고 있어요. 보건소 금연클리닉 회원으로 가입한 뒤 4주 만에 체내 이산화탄소량이 비 흡연자 수준으로 떨어졌습니다. 보건소 때문에 담배를 끊을 수가 있었어요. 보건소가 이런 곳인 줄 몰랐습니다."

찾아가는 건강 보건소 발대식

예방접종을 위해 보건소를 찾은 한 주부의 얘기다. "아기에게 예방접종을 하기 위해 보건소를 찾았습니다. B.C.G, DTap, MMR, B형간염 등 기본 접종을 다 받았습니다. 가격도 무료이고, 게다가 보건소 직원들의 친절한 응대에 감동 받았네요."

물리치료를 받기 위해 보건소를 찾은, 올해 80대에 이르신 한 어르신은 말한다. "일주일에 두 번 보건소 오는 것을 거르지 않아요. 수년째 앓아온 무릎과 허리통증이 물리치료를 받고 나면 한층 편안해지거든요. 무엇보다 좋은 것은 무료이다 보니 자식들에게 부담을 주지 않아 참 좋아요."

시에서는 지역의 균형을 고려하고, 주민 접근이 용이한 곳, 3개구에 보건소를 마련하고 시민 진료 및 예방을 위한 활동을 진행하고 있다. 원미보건소, 소사보건소, 오정보건소가 바로 그 곳이다.

찾아가는 건강보건소 버스 외관

보건소별로 시민건강증진을 위한 다양한 프로그램을 운영하고 있다. 반드시 참여가 필요하고, 함께하면 유익하게 혜택을 부여받을 수 있을 프로그램임에도 홍보부족, 인식 부족으로 참여 기회를 놓치고 있는 경우도 상당수 많을 것이라는 생각이다.

다양 · 전문화된 보건의료서비스

부천시 보건소만의 특화된 프로그램이 있다. 바로 찾아가는 보건소다. 보건소와 접근성이 떨어져 있는 곳에 거주하시는 시민을 위해 버스를 활용 찾아가는 이동보건소를 2011년부터 운영하고 있다. 원미보건소의 특색사업으로 진행하고 있으나, 원미지역 뿐 아니라 시내 외곽 전 지역을 운행하며 서비스하고 있다.

정신건강증진센터도 특색사업 중의 하나다. 지역사회중심의 통합적인 정신질환자 관리체계를 구축해 나감으로써 정신질환의 예방, 질환의 조기발견, 상담·치료·재활을 통해 사회에 온전히 복귀할 수 있도록 돕는 사업으로, 부천시 특색사업이다.

이외에 3개구 보건소가 공통으로 진행하고 있는 ▲금연사업 ▲임신 출산지원사업 ▲영양플러스사업 ▲운동처방, 건강생활 실천사업을 비롯, 각 보건소별 다양한 특화사업을 진행하고 있다.

> ▸ 원미보건소 : 032-625-4234, ▸ 소사보건소 : 032-625-4401
> ▸ 오정보건소 : 032-625-4473, ▸ 홈페이지 : pubhealth.bucheon.go.kr

보건소는 365일 시민건강지킴이

직장인과 맞벌이 부부 등 평일에 보건소 이용이 어렵다는 의견들이 있었다. 그런 시민들을 위해 2012년 5월부터 원미, 소사, 오정보건소는 매주 목요일 늦은 아홉시까지 보건소 연장운영을 실시한다. 보건증 및 건강진단서 발급, 각종검사, 임산부관리, 금연클리닉 등 의료관련 제반사항에 대한 의료 서비스를 받을 수 있게 됐다.

보건소에서는 태아를 임신한 산모에서부터 노년층에 이르기까지 다양한 의료서비스와 예방 프로그램을 운영하고 있다. 특히, 어르신이 편안한 부천을 만들기 위해 다양한 건강증진사업을 펼치고 있다. 그 중 고혈압, 당뇨병 등 만성질환을 전담하는 관리센터와 평생건강관리센터가 개소해 눈길을 끌고 있다.

　보건소의 기능은 일반의료 기관과는 달리 치료보다는 지역 주민들의 건강 증진과 질병예방 분야에 더 비중을 두어야 한다.

　즉, 질병 예방 활동은 물론 금연, 금주, 운동장려 등의 실속 있는 프로그램을 운영하고, 적극적인 캠페인을 통해 보건소가 시민건강 지킴이로 온전히 자리매김 될 수 있도록 할 것이다.

아무리 잘 차려놓은 밥상이라도 입맛에 맞지 않으면 별 소용이 없습니다. 보건소의 건강 프로그램들은 시민 여러분을 위해 마련한 것입니다. 시민들의 적극적인 관심과 참여가 필요합니다. 미비한 부분에 대해서는 입맛에 맞는 적극적인 제안이 필요합니다. 그래야만 보다 고품질의 프로그램을 마련할 수 있고 서비스를 제공할 수 있기 때문입니다.

▶ 저 역시 42년 피우던 담배를 보건소 금연 클리닉의 도움으로 끊었습니다. 아주 감사하죠. 그런데 몸이 불어 체중이 급격하게 늘어나 보건소 헬스장 이용을 하려했지만 이용하기가 어렵더군요. 누구나 편리하게 이용할 수 있게 해 주셨으면 합니다.

(장성국 2012-03-06)

▶ 보건소에서 당뇨관리까지 하는 줄은 몰랐습니다. 지금은 조그만 병원에서 약을 타다 먹는데 구체적인관리가 필요할 것 같아서 보건소에 가보려 합니다. 시장님 감사합니다. 시장님께서 시정소식을 알려주시지 않았다면 모르고 지나갈 뻔 했어요.

(정영랑 2012-02-08)

▶ 이렇게 보건소에서 많은 일을 지원하는지 몰랐네요^^ 보건소의 이런 기능을 좀 더 많이 홍보한다면, 부천시민이 좀 더 건강해 질 수 있을 것으로 보입니다.

(이성훈 2012-02-06)

▶ 정말 무료예방주사 맞는 곳이라고만 생각했는데 많은 프로그램이 있네요. 보건소를 알면 건강이 보이겠다는 생각입니다.

(김호석 2012-02-05)

▶ 시민들이 보다 편리하게 이용할 수 있는 공간이 우선 필요하다고 생각합니다(현재의 보건소는 너무 협소함) 물론 예산이 수반 되어야겠지요. 편성된 각종 복지예산 모두가 다 중요 하겠지만 보건소에 특별히 더 부탁드립니다.

(조길순 2012-02-16)

▶ 보건소 관련 가장 시급한 부분이 토요일 진료입니다. 직장인 대부분이 주중에는 보건소는 커녕 은행가기도 어렵습니다. 동네 의원 토요일에 가면 어르신들로 꽉 차있습니다. 심할경우 1~2시간은 그냥 기다립니다. 직장인들이나 서민들을 위해서 보건소 토요일 진료는 꼭 필요하다고 생각합니다.

(김철수 2012-02-08)

제 3 장

행복한 쉼표,
부천을
꽃 피우다

부천필하모닉오케스트라,
한국 클래식 음악계 판도를 바꾸다

올해로 25년이라는 역사를 갖고 있는 우리 부천필하모닉오케스트라, 지방오케스트라라는 지역적 한계를 극복하고, 명실공히 자타가 공인하는 국내 최정상 교향악단으로 우뚝 섰다. 국내 클래식 음악계에 산소와 같은 이야기와 전설을 만들어가고 있어서, 늘 자부심과 긍지를 갖고 있다. 좀 더 많은 시민이 향유할 수 있는 오케스트라로 거듭나는 일, 이것이 바로 부천필의 새로운 과제이다.

부천필, 대한민국 클래식 음악계를 선도하다

1980년대 대전과 수원 등 각 지방 도시들은 시민들의 문화 의식을 높인다는 취지로 교향악단, 합창단을 설립하기 시작했다. 당시 우리 부천도 예외는 아니었다. 1988년도에 시립예술단을 창단하고, 그 산하에 부천필하모닉오케스트라(이하 부천필)를 설립했다.

1988년 4월 29일, 부천필의 창단을 알리는 첫 연주회가 열렸다. 초대 상임

부천필하모닉오케스트라 공연 모습

지휘자 서훈 지휘, 테너 김화용의 협연이었다. 관객은 1천2백석 규모의 시민회관에 1백명 남짓한 관람객들이 전부로, 부천필의 출발은 그렇게 소박하고 미약했다.

창단 후 1년까지도 별다른 진전이 없었던 부천필은 하마터면 지방 소도시의 별 볼일 없는 교향악단으로 전락할 수도 있었다.

하지만 이런 위기는 새로운 리더의 영입으로 급반전된다. 1989년 초대 부천시립합창단의 지휘자이자 부천시립예술단 감독이었던 최병철 교수는 당시 서울대학교에 재직하고 있던 임헌정 교수를 상임지휘자로 영입할 것을 제안했다.

임헌정 교수는 '지원은 하되 간섭하지 않을 것'을 전제로 수락 의사를 밝혔다. 그리고 그는 부천필의 상임지휘자 겸 음악감독으로서 탁월한 음악적인 역량을 발휘하여 부천필을 언론이나 음악 팬들로부터 '대한민국 최고의 오케스트라'라는 찬사를 받는 교향악단으로 키워냈다.

부천필 호암예술상, 대한민국 문화예술상 수상

부천필의 이름이 알려지기 시작한 것은 새로운 리더십체제가 들어선지 1년
후인 1990년 제2회 교향악 축제 때로, 당시 부천필은 브람스의 교향곡 제3
번을 훌륭하게 연주해낸다. 부천필의 기대 이상의 호연은 일반 청중들과 음
악계에 충격을 안겨주었다. '현악의 아름다운 음색에 감동했다.'며 당시 언론
은 전하고 있다.

수도권 작은 도시의 교향악단에서 2년 만에 중앙무대 스타덤에 오른 부천
필. 완벽하고 훌륭한 연주를 해낸 부천필을 통해 음악팬들은 국내 교향악단
의 연주력을 신뢰하게 되었고, 음악적 완성도가 높은 연주를 갈망했던 많은

임헌정 부천필 상임지휘자

부천필과 협연중인 부천필 코러스

음악 마니아들에게는 신선한 청량제와 같은 존재로 평가받았다.

특히, 1999년 부천필의 말러 교향곡 전곡 연주는 음악계에 핵폭탄과도 같은 센세이션을 일으켰다. 말러 교향곡 첫 공연에 유료관객만 1천명이 넘었다. 말러 교향곡 제2번 연주회는 '말러 시리즈' 사상 최고의 커튼콜을 기록했고, 교향곡 제8번, 제9번, 제10번의 세 공연은 전석 매진이라는 대기록을 세웠다.

2003년까지 4년간 계속된 부천필의 '말러 시리즈'는 연주의 질이나 관객 참여, 기획력 등 여러 가지 면에서 성공 그 자체였고 음악계의 호평과 함께, 국내 클래식 공연 역사의 영광스런 한 페이지를 부천필하모닉오케스트라가 장식하게 되었다.

이러한 부천필의 끊임없는 도전은 국내 예술전문가들의 압도적인 지지를 얻어 음악단체로서는 최초로 한국의 노벨상이라 불리는 '호암 예술상'을 2005년에 수상했다.

당시 호암 재단에서는 "부천필은 완벽을 추구하는 연주, 새로운 곡에 대한 도전, 쉼 없는 정진으로 국내 최고 수준의 교향악단으로 발전했으며, 특히 '말러 교향곡' 기획 연주를 통해 우리 음악계의 큰 흐름을 연주했다"는 것이 선정 이유였다.

부천필은 그 이후에도 2008년에 문화예술 발전에 기여한 공로로 '대한민국 문화예술상'을 수상하기도 했다.

부천문화예술회관 건립, 부천필의 새로운 출발점 될 것

부천필을 사랑하는 애호가들의 모임인 '부사모'가 있다. 부사모 회원들은 부천필의 오늘이 있기까지 아낌없는 후원을 해오고 있다. 부사모외에도 음악동호회 회원들 사이에서도 부천필의 고정팬들이 생겨나기 시작했다.

쓰레기통에 버려질 뻔했던 우리 부천필이 창단 25주년의 시점에서 문화특별시 부천을 견인하는 진주로 자리할 수 있었던 것은 시민 후원, 팬들의 관심, 선각자적인 마인드를 지닌 단체장, 총감독의 리더십, 단원들의 사명감 있는 노력 등이 있었기 때문이다.

때로는 부천필의 명성을 제대로 향유하지 못한 일부 시민들의 아쉬운 목소리도 종종 들려온다. 좀 더 많은 시민이 향유할 수 있도록 다각적인 노력이 필요하다.

이제 아시아를 넘어 세계적인 오케스트라로 거듭 나는 부천필. 여기에 새롭게 들어설 부천문화예술회관은 그 새로운 도약의 출발점이 될 것이다.

부천필은 한국 음악계에 프론티어였습니다. 새로운 성지를 찾아 길을 떠나는 순례자와 같은 사명감으로 음악을 창조해 왔습니다. 영혼의 깊은 바닥으로부터 울려나오는 소리를 통해 음악팬들을 감동시키고, 부천시의 가치와 도시의 문화 수준을 향상시키는데도 기여를 해오고 있습니다. 부천 시민이 잘 키운 소중한 문화자산, 부천필하모닉오케스트라에 더 많은 관심과 애정 그리고 응원이 필요합니다.

▸ 문화도시 부천시 위상에 단단히 한몫을 하고 있는 것이 바로 부천필입니다. 한그루 나무가 활착과정을 거쳐 융성하게 제 모습을 찾기까지는 많은 관심을 필요로 합니다. 그렇지 못하면 쓰레기통을 전전긍긍하게 될 것입니다. 모든 시책 또한 마찬가지일 것입니다. 빛을 보려면 리더의 선각자적인 마인드와 관심이 필요하다는 얘기입니다.

(워너비 2011-01-29)

▸ 아름다운 음악을 들으면 마음이 안정된다고 합니다. 사람은 무엇을 듣고/보고/말하는가에 따라서 그 마음이 선하기도 한다네요^^ 진주같은 오케스트라가 문화특별시의 얼굴이 되길 바랍니다.

(소망 2011-01-31)

▸ 우리에게도 이러한 오케스트라가 있음이 너무 자랑스러웠으나, 어째 요즘은.... 레퍼토리개발이 너무 아쉽다고나 할까! 좋은 재원들이 실력발휘할 수 있는 멋있는 오케스트라로 거듭나기를… 상임지휘자를 보다 더 자주 만날 수 있기를 기대합니다.

(정지요 2011-02-09)

판타스틱 무비의 메카, PiFan

과학의 세기를 넘어선 20세기에 뒤늦게 탄생한 예술이 영화이고, 예술의 막내가 바로 '영화'이다. 가장 나중에 탄생한 것이 영화지만 오늘날 그 어떤 장르보다도 가장 강력하고 영향력있는 예술로 자리하고 있다. 부천이 대내외적으로 '문화도시'라는 브랜드를 확보하는데 결정적인 역할을 한 것은 바로 '부천국제판타스틱영화제'다. 이런 부천국제판타스틱영화제를 어떻게 해야 활성화시킬 수 있을까?

한 여름, 사람들이 부천으로 모여든다

매년 여름만 되면 판타스틱 영화를 찾는 사람들로 부천은 북새통을 이룬다. 사랑·환상·모험의 판타지 영화세상으로 이끄는 대한민국의 최초의 판타스틱 영화제인 부천국제판타스틱영화제(PiFan, Puchon International Fantastic Film Festival) 때문이다.

1997년 여름, 세계최초 판타스틱 영화인 조르주 멜리에스의 '달세계여행'

PiFan영화제 레드카펫을 밟고 있는 국내 유명 감독 및 배우들

의 상영과 함께 첫 막을 올린 부천국제판타스틱영화제는 꾸준한 관객증가와 함께 한국을 포함한 아시아, 북·남미, 북유럽까지 세계 40여개국이 참가하는 명실공히 대한민국을 대표하는 국제영화제로 성장했다.

아시아 최대의 장르영화제로 우뚝서다

국내에서 개최하는 국제영화제로 대표성을 띄고 있는 영화제는 부천국제 판타스틱영화제(1997년), 부산국제영화제(1996년), 전주국제영화제(2000년), 서울국제여성영화제, 서울국제청소년영화제, 제천국제음악영화제 등 6개나 된다.

부산국제영화제는 우리나라 최초로 국제영화제를 표방한 영화제로, 아시아를 대표하는 국제 영화제로 자리매김하고 있다. 부산국제영화제는 모든 장르를 포괄하는 종합영화제의 성격을 지닌다는 점에서 분명한 장르영화를 지향하는 전주영화제나 부천국제판타스틱영화제와 차이점이 있다.

전주영화제의 경우, '대안(alternative)'과 '독립(indie)'이라는 영화제 기본 표방 단어에서도 알 수 있듯이 예술성 위주의 영화 프로그래밍 중심영화제로 대중성과는 거리를 두고 있다.

판타스틱한 장르 영화제를 표방하고 있는 부천국제판타스틱영화제는 SF, 스릴러, 호러 등 장르 영화를 특화시킨 영화제다. 가장 충성도 높은 젊은 관객층 확보를 장점으로 여타 영화제와 비교했을 때 압도적이라 평가를 받고 있다.

또, 부천국제판타스틱영화제는 세계 3대 판타스틱영화제인 스페인의 시체스, 벨기에의 브뤼셀 판타스틱영화제와 함께 어깨를 나란히 할 수 있는 최고

제16회 PiFan영화제 야외 이벤트를 즐기고 있는 부천시장

의 판타스틱 영화제라 할 수 있다.

PiFan에 부천의 미래를 담는다

부천국제판타스틱영화제 관련 여론조사 결과를 보면, 시민 85.1%가 '부천에서 영화제를 개최한다는 사실을 자랑스럽게 생각한다.'고 답한다. 설문에 응한 93.6% 시민은 '부천국제판타스틱영화제가 부천의 대표축제로 자리하기를 희망 한다.'고 말하기도 한다.

영화제가 끝나면 표면적인 수치만을 가지고 흑자니 적자니 하는 경제적인 논리를 따지기 일쑤다. 하지만 그 이전에 문화특별시 부천을 지탱하는 강력한 문화 경쟁력 중 하나인 부천국제판타스틱영화제를 세계 속의 영화제로 입지를 확고히 할 수 있도록 경쟁력 강화에 힘써야 할 때다.

문화콘텐츠 중에서도 가장 부가가치가 높은 이른바 '킬러 콘텐츠'는 바로 '영화' 입니다. 이렇듯 영화는 현대인들이 가장 선호하는 모던한 예술이자 가장 강력한 상품이 되는 콘텐츠입니다. 문화특별시 부천을 이야기할 때 빼놓을 수 없는 것이 바로 '부천국제판타스틱영화제' 입니다. 부천국제판타스틱영화제는 부천만의 차별화된 색깔과 실속 있는 콘텐츠로 경쟁력을 확보하며, 문화도시 이미지 확립에 강력한 임팩트 기능을 하고 있습니다. 앞으로 세계속의 영화제로 입지를 보다 확고히 하기 있기 위해서 시민여러분의 역할이 아주 중요합니다.

▸ 부천국제판타스틱영화제가 있어 부천 시민인 게 자랑스러울 때가 많아요 ! 부천 판타스틱 영화제 파이팅! 올해는 꼭 보러 갈겁니다!
(최현진 2012-07-09)

▸ 영화마니아 대학생입니다. 이번 부천국제영화제때 우중캠핑촌 운영 기발한 아이템입니다.
(이문동 2011-06-25)

▸ 부천영화제가 벌써 16주년이 되었습니다. 처음에는 작은 도시 부천에서 영화제가 성공 할 수 있을까 했는데 16주년이라니 기쁘기 한이 없습니다. 문화는 그 힘이 위대합니다. 유럽에서도 우리나라 아이돌그룹이 알려지면서 우리 대한민국이 유럽 젊은이들 사이에 열광하고 있는 것처럼 많이 알려야 합니다. 앞으로도 부천이 영화제나 타 행사에도 적극적 홍보를 해 주었으면 합니다.
(강선남 2011-06-27)

▸ 부천이 문화의 도시로 발전하는 것 같아 기쁩니다. 부천판타스틱영화제 시민과 공감할수 있는 소통의 문화가 되길 바랍니다. 부천하면 문화의 도시로 거듭나길 기원해봅니다.
(박옥순 2011-06-27)

▸ 부천시민 여러분! 앞으로 세계인이 제 발로 찾아와서 문화를 즐기는 명품 도시를 만듭시다. 저절로 또 오고 싶은 도시인 부천이 되도록 숙박시설 및 관광 아이템을 개발 인프라를 구축하고, 친절한 부천시민 품격 높은 시민의 역량을 만들어 나갑시다. 우리 모두 지구촌 곳곳에까지 알려진 멋있고 매력있는 도시를 만듭시다.
(소시민 2011-07-16)

부천문화재단,
문화와 사람을 연결하다

부천은 이제 만화·영화·음악의 문화적 콘텐츠가 잘 갖춰진 도시로 주목받고 있다. 앞으로 과제는 문화 콘텐츠들의 활용과 이들을 담아낼 수 있는 공간이 필요하다. 또 문화도시라는 것을 시민들이 직접 피부로 느낄 수 있도록 해야 한다. 시민주체의 문화도시를 건설하는 것, 부천문화재단이 안은 최대의 과제다.

전국 최초 문화재단, 부천의 문화지도를 바꾸다

부천문화재단은 '21세기는 문화의 세기'라는 당시의 화두와 우리나라 최초로 문화도시를 표방한 시정방향에 따라 2001년 10월 1일 설립된 공익법인이자 비영리법인이다.

기초자치단체로는 최초로 설립된 부천문화재단의 영역은 참으로 광범위하다. 그 중 문화재단이 첫 출범했을 때부터 꾸준히 지속되어 온 사업으로는

복사골문화센터 외관

단연 '공연사업'을 들 수 있다. 복사골문화센터를 거점으로 부천시민회관, 오정아트홀, 판타지아극장 등 부천시내 주요 공연장을 운영하면서 부천시민에게 좋은 공연예술 체험의 기회를 제공한다.

이외에도 어린이도서관 동화기차, 부천예술정보도서관 다감, 부천시 박물관, 부천영상미디어센터, 부천시 청소년 수련관, 부천시산울림청소년수련관, 부천여성청소년센터, 부천시여성회관, 부천시건강가정지원센터, 부천시다문화가족지원센터 등 부천의 문화·복지의 전 영역을 망라하는 기관들을 직접 또는 위탁 운영하면서 문화특별시 부천을 지탱하는 중추기관으로 자리매김하고 있다.

문화로 만나고 소통하는 곳, 부천문화재단

사는 곳이나 가정형편에 상관없이 클래식 음악회를 감상하고 음악의 즐거움을 맛볼 수 있는 어린이, 스스로 카메라를 들고 영상을 찍으며 자신을 표현할 줄 아는 청소년, 창의적인 아이템으로 사회적 기업에 도전하는 청년들. 다양한 계층이 한데 모여 즐거운 문화 에너지를 느낄 수 있는 곳이 부천에 있다면 얼마나 좋을까?

좋은 문화 공동체를 일구어 공동체와 소통하는 당당한 중년, 자신이 가진 지식과 경험을 지역과 나눌 줄 아는 멋스러운 장년, 새로운 경험으로 다음 세대와 만나는 기운차고 신바람 나는 노년들, 전세대를 아우르며 소통하는 곳이 부천에 있다면 더욱 좋지 않을까?

부천문화재단의 다양한 활동 모습

이런 다양한 역할들을 부천문화재단이 소화해내고 있다. 부천문화재단은 부천의 문화 정책을 연구하고, 시민의 문화예술 향유를 높이기 위한 공연, 전시, 문화예술교육, 창작지원 등의 사업을 추진한다.

여성회관과 청소년수련관을 통합 운영하면서 문화에 기반을 둔 여성, 가족, 청소년의 복지 증대를 위한 사업을 병행하며, 부천의 문화와 복지의 연계를 도모하고 있다.

어린이 상설공연, 기획공연 등 공연프로그램운영으로 사랑과 관심을 받으며, 열린문화학교, 예술교육, 부천신인문학상을 통한 문학지원, 동아리 지원 등으로 시민 참여를 촉진하는 역할을 한다.

부천문화재단이라는 큰 우산 속에서 각 기관이 유기적인 상호 교류와 협력을 통해 시너지 효과를 발휘해 나가고 있다.

경제사정이 넉넉하건 그렇지 않건, 나이가 많건 적건, 중심가에 살던 외곽에 살던, 원하는 시간에 원하는 종류의 문화예술 활동이 가능하도록 공간을 만들어 주는 곳, 생애주기에 직면한 시민들이 그에 맞게 누릴 수 있는 프로그램을 제공해 주는 곳, 바로 부천문화재단이 그 역할과 사명을 다 해 나갈 수 있기를 기대합니다.

▸ 부천문화재단에서 운영하는 복사골문화센터를 자주 찾습니다. 동화기차, 연극, 공연 빠뜨리지 않고 잘 이용합니다. 최근 어르신들을 위한 공간이 생긴다는 얘기도 들었습니다. 경로당보다 나은 새로운 모델에 기대를 갖는 분들도 많은 것 같습니다. 이제는 질적인 부분이 보다 강화되어야 할 것 같습니다. (강동식 2011-04-02)

▸ 문화도시 부천에 대한 자부심이 높은 시민입니다. 시민이 함께 하고 가까이 하는 문화 정책이 될 수 있도록 다방면으로 노력해주십시오. (하늘아이 2011-04-02)

▸ 복사골문화센터에 주차하기 힘들어요. 엘리베이터는 느리고 답답합니다. 공연프로그램은 짱인데, 시설은 노짱이군요! (정인수 2011-04-03)

▸ 우리시의 다양한 문화를 체계적으로 접할 수 있는 시티투어 버스가 운영되었으면 합니다. 학업에 억눌려 인문학적 소양을 기를 기회가 없는 학생들의 정신이 허약합니다. 정신은 망가지더라도 학업성적에 올인하는 제도, 분명 보완이 있어야 합니다. 남양주시는 9일부터 시티투어를 재개한다고 합니다. (최정애 2011-04-07)

누구나 열린 무대에서
스타의 기질을 뽐낸다

부천만이 갖고 있는 문화, 부천에서만 접할 수 있는 문화, 부천하면 떠오르는 '특별한 문화'를 365일 시민 생활 속에서 누릴 수 있는 권리를 찾아주고 싶었다. 시는 끼와 재능이 있는 시민을 위해 구석구석에 열린 공연장을 마련해 놓고 시민 스타들을 기다리고 있다. 이곳에서는 누구나 무대의 주인공이 될 수 있다.

부천 곳곳에서, 일상 생활속에서 문화를 즐기다

지난 2012년 5월초, 복사골예술제 개막을 앞두고 부천역 남부광장에서 열린 붐 조성을 위한 문화행사에 2천 여 명의 시민들이 모였다. 소사구에 번듯한 야외 공연장이 없었던 탓에 이렇게 많은 시민들이 모인 것은 처음 있는 일이었다.

부천역을 나와 목적지를 향해 발길을 옮기던 시민, 인근에 자리한 재래시

역곡역 남부광장에 마련된 열린무대

장을 보고 나오던 시민, 무슨 일이 일어 난건가? 하고 호기심으로 찾아 온 시민들도 야외무대에서 진행되는 화려한 무대 공연에 금방 자리를 뜨지 못하고, 공연이 끝날 때까지 즐기고 있었다.

현장에서 한 시민이 다가와 말한다. "부천이 문화특별시라고 하는데, 대부분의 문화시설이 신도심에 집중돼 원도심에 살고 있는 사람들은 작심을 하고 나서지 않으면 즐길 수도 없어요. 그런데 이렇게 야외에 번듯한 공연장이 생겼으니 참 좋네요." 라는 것이다.

부천역 남부광장은 지난 2009년 5월 역세권 정비를 위해 조성했으나 시민이 자유롭게 이용할 수 없다는 문제점이 지속적으로 제기돼왔다. 시는 이 공간을 시민이 자유롭게 이용할 수 있도록 차량 및 보행동선을 개선하고 상설 공연장을 설치하는 등 소통의 문화공간으로 재탄생시켰다.

어느 날 한 시민의 제안이 올라왔다. '넘치는 끼와 출중한 재능을 가지고 있는 사람들이 부천에도 참 많은데, 그 분들이 쉽게 공연할 수 있는 무대가 있었으면 좋겠다.'라는 내용이었다.

현장을 나가 확인해보니 그리 넓은 공간은 아니었지만 잘 갖추면 소공연은 가능할 것이라는 생각이 들어 그곳에 야외 공연장을 만들었다. 지난 2011년도 3월에 조성된 '역곡역 열린 마당'이 그곳이다.

현수막을 걸 수 있는 게시대, 전기시설도 마련했고, 음향과 조명도 문제가 없도록 했다. 끼와 재능을 가진 사람이면 누구든 마음껏 자신을 뽐내는 공연마당으로 활용가능하다. 끼의 표출장소, 역곡역을 지나는 시민의 문화적인 향수를 달래는 공간으로 활용되고 있다.

작은 열린 무대, 시민의 문화 향수를 달래다

전철역, 공원 등지에서 운치 있게 울려 퍼지는 색소폰 소리, 흥겨운 노래를 선보이는 동아리들, 힙합 비보이를 꿈꾸는 청소년 동아리들의 활기찬 몸짓들과 K-pop 스타를 꿈꾸는 청소년의 소울넘치는 노래소리… 길 가는 시민들도 하나로 뭉치게 해주는 곳, 이곳은 바로 다른 도시의 얘기가 아닌 문화특별시 부천의 곳곳에 마련된 열린 공연장의 모습이다.

부천에는 '부천역 남부광장 공연장', '역곡역 열린마당'을 포함해 크고, 작은 열린 공연장은 총 19개소에 이른다. 시민 누구나 이용 가능토록 개방하고 있다. 전문 공연인부터 순수 아마추어에 이르기까지 수준에 맞는 공연장을 선택할 수 있다.

부천에서는 누구나 무대의 주인공이 될 수 있다. 자연스럽게 지나는 시민은 주된 고객이며 관객이 되는 것이다.

시청사 로비, 지하철 역 광장이나 공원 등 지역 곳곳에 시민들을 위한 소통의 문화공간을 마련했습니다. 내 집 가까이에서 문화공연을 즐기고 참여할 수 있는 것, 그것이야말로 진정한 문화특별시 아니겠습니까? 우리 시민들이 가지고 있는 재능과 끼가 지역 곳곳에서 발휘되었으면 합니다.

▸ 역시 공간을 멋지게 활용할 수 있도록 배려해 주심에 감사드립니다. 부천이 더욱 더 살기좋은 도시로 거듭나기를 기원합니다. 오늘 부천 둘레길 다녀왔습니다.

(이정숙 2012-06-09)

▸ 생각보다 공연장이 많이 있네요. 하지만 홍보가 참 부족한 것 같아요. 주민센터나 아파트 게시판에 적극 홍보해주세요.

(서종석 2012-06-09)

▸ 문화는 특별한 계층, 여유있는 사람들만의 전유물로만 생각했습니다. 부천 정착 5년이 됩니다. 찌든 삶에 여기저기 방황도 좀 했지요. 동네에서 열린다는 축제에 가보았습니다. 돈이 안들잖아요. 거리공연도 참여했습니다. 지친 삶을 달랠 곳을 찾는 방황이었지요. 프로그램에 흥이 가더라구요. 요게 문화의 묘미구나 알았습니다. 생활 속에서 우리 서민도 쉽게 즐길 수 있는 문화예술 부천에서만 느끼는 새로운 가치입니다. 삶의 활력입니다. 감사합니다.

(조인숙 2012-06-09)

▸ 매우 즐거운 소식입니다. 다만, 한 가지 더 부탁은 부천시에서 열리는 다양한 공연 행사에 대한 안내가 시민들에게 보다 더 잘 전달됐으면 하는 바람입니다. 시 홈페이지에 들어가지 않으면 나중에 놓치는 경우가 많거든요.^^ 행사나 참여 프로그램 메일링 서비스가 가능한지도 궁금합니다.^^

(한주희 2012-06-12)

▸ 부천남부역광장을 주민들이 이용할 수 있도록 만들어 주셔서 감사드립니다. 아울러 교통시설도 함께 정비하여 주셔서 더욱 감사드립니다. 또한 상동호수공원에 나무를 많이 심어주셔서 너무나 고맙습니다. 부천시민의 휴식, 쉼터 공간이 되도록 많이 만들어 주시길 부탁드립니다.

(김중영 2012-06-11)

둘레길을 걷자,
42.195㎞ 부천 둘레길 탄생

지리산둘레길, 제주도올레길, 북한산둘레길 등 최근 확산되고 있는 걷기문화 열풍에 따라 '길'이 주목을 받고 있다. 부천 시에도 시민 생활 속 공간에서 환경과 유기적인 조화를 이루는 둘레길이 있다면 얼마나 좋을까?

42.195㎞의 부천 둘레길 탄생

현대인에게 운동은 필수불가결한 요소다. 걷기 인구가 폭발적으로 증가하는 이유는 우선 등산보다 힘들지가 않기 때문이다. 느릿느릿 장시간 걷기만 해도 높은 운동효과가 있다. 주변의 정취를 여유롭게 만끽 할 수 있다는 점이 가장 큰 장점이다.

시민을 위한 작은 행정일환으로 생활 속 공간에서 환경과 유기적인 조화를

시민과 함께 부천둘레길 걷기 체험

이루는 둘레길을 만들고 싶었다.

　나는 둘레길 조성을 위해 녹지공원과 직원들과 잦은 현장답사를 이어갔다. 한정된 녹지공간 안에서 부천시가 갖고 있는 유적지, 산과 공원, 들판, 하천과 코스를 유기적으로 연결하는 쪽으로 둘레길 콘셉트를 잡았다.

　2011년 1월부터 10개월의 준비 과정을 거쳐 드디어 2011년 11월 19일 부천둘레길이 공식 개장했다. 마라톤 풀코스 길이와 같은 총 42.195km인 부천둘레길은 총 5개의 코스로 구성되어 있다. 제1코스 향토유적 숲길과, 제2코스 산림욕길, 제3코스 물길따라 걷는 길, 제4코스 대장들길, 제5코스 부천누리길로, 성격과 특징에 따라 코스가 나뉘어져 있어 도심 속 자연을 만끽할 수 있는 코스로 각광받고 있다.

부천 둘레길, 시민이 직접 관리하다

행정은 행정기관 소속 공무원들의 일이고 시민은 향유의 주체라는 인식이 아직까지도 지배적이다. 하지만, 부천에서 변화의 바람이 일고 있다. 바로 행정의 거버넌스(governance) 실현이다. 서비스 행정을 넘어 '쌍방향 소통'과 '시민참여'를 이끄는 것, 민·관의 협치(協治)행정이야말로 지방자치 성공의 키워드가 되고 있다.

거버넌스 행정을 부천둘레길에 적용해보았다. 방대한 규모의 둘레길 탐방로를 행정력만으로 관리하는 것은 인력과 비용 면에서 그리 만만치 않기 때문이다. 그래서 아이디어를 낸 것이 바로 '1사(社)1탐방로 봉사단체' 모집이다.

이 역시 반응이 뜨거웠다. 동부하이텍을 비롯한 기업체, 순천향대학 부천병원 등 의료기관, 국민운동단체, 마을 동호회에 이르기까지 27개 단체 1천7백여 명이 부천둘레길의 지킴이로 직접 나서기로 한 것이다. 단체에 둘레길 관리구역배분, 참여단체 관리구역에 안내표지판을 부착하고, 그 밖의 행정적인 지원을 다 해 나간다는 내용을 담아 합동으로 협약체결식도 가졌다.

이렇듯 시민이 직접 둘레길을 관리하게 되면, 탐방로 구역별 관리주체에 따라 특색 있는 관리가 이루어짐은 물론 단체별 선의의 경쟁 심리도 유발할 수 있다.

모든 사업의 준공은 끝이 아니라 비로소 시작이다

시 정책에 자문을 해주시는 어떤 분의 얘기다. '선진국은 어떤 사업을 완성하거나, 건물을 준공했을 때 비로소 사업의 시작이라는 생각을 갖는다. 더욱 분주하게 움직인다. 반면에 우리나라는 준공이 사업의 종결이라는 사고를 갖는 것이 큰 차이점이다.' 라고 말한다.

무엇을 만들었을 때 당초 취지에 맞게 잘 운용되고 있는가를 지속적으로 체크하고, 유지 관리해 나가는 것이 만드는 것 이상으로 중요하다는 이 이야 기에 전적으로 공감한다. 모든 시설물은 제대로 잘 활용될 때 비로소 가치를 발휘할 수 있기 때문이다.

이제부터 본격적으로 '길'을 유지 관리해 나갈 시민 자원봉사자들과 함께 정례적인 탐방을 계획해본다. 이들 자원봉사자들의 손길로 우리 부천의 둘레 길이 부천의 명소로 늘 새롭게 탄생되기를 기대한다.

천천히 에둘러가는 길, 느리지만 자신을 돌아보고, 주변을 바라볼 수 있는 길, 이런 아름다운 둘레길이 우리 부천에 생긴 것입니다. 걷기운동은 등산 처럼 힘들지가 않습니다. 느릿느릿 장시간 걷기만 해도 높은 운동효과를 나 타낼 수가 있습니다. 주변의 정취를 여유롭게 만끽 할 수 있다는 것이 큰 장점이기도 합니다. 기초체력이 튼튼한 부천을 소망합니다.

▸ 건강한 육체에서 맑은 정신을 기대할 수 있습니다. 온갖 근심걱정으로 전혀 여유나 짬을 낼 수 없을 때 정신과 육체는 피폐되어지는 것입니다. 휴식은 창조의 기본입니다. 현대 최고의 스트레스 해소책은 뭐래도 걷기입니다. 부천의 둘레길은 시민 삶의 질 향상의 첫걸음입니다.
(김영철 2011-11-03)

▸ 부천 둘레길 정말 멋진 코스인 것 같습니다. 시간나면 코스별로 걸어보고 싶습니다. 현대인들의 운동코스로 필수인 것 같네요.
(김곤형 2011-11-02)

▸ 부천둘레길이 시작되어 참 좋습니다. 보다 많은 시민들이 함께 걸을 수 있길 바랍니다. 건강한 부천시민이 많아지는 소중한 지름길이라 생각합니다.
(김은혜 2011-10-30)

▸ 멋진 우리시장님, 이렇게 멋진 일을 하시고 계셨군요. 참 잘 하셨습니다. 제주도가 부럽지 않네요. 우리 딸 둘레길 걷고 싶다고 지난주에 제주도 다녀왔는데, 이제 우리 부천에서 가족과 함께 걸어야겠어요.
(윤순자 2011-10-28)

▸ 멀리 가지 않고, 가까이에 둘레길이 생기니 좋습니다. 시흥이나 강화, 제주까지 가려면 비용이나 시간이 많이 들었거든요.
(둘레길걷자 2011-10-29)

1박 2일, 도심속 캠핑장에서 추억을 만들다

최근 가족 단위 캠핑문화가 증가 추세다. 하지만 막상 멀리 떠나는 것도 좋지만, 차를 타고 멀리 나가지 않고도 집근처에서 여유롭게 캠핑을 즐길 수 있으면 얼마나 좋을까 생각했다. 우리 시민들이 보다 좋은 환경에서 1박 2일의 소중한 추억을 만들었으면 하는 바람에서 야인시대 캠핑장을 조성하게 되었다.

캠핑장 조성, 고민은 시작되다

부천시에 캠핑촌을 만들겠다는 구상을 얘기했더니 한 영화 마니아는 이렇게 얘기한다. "영화제 때 부천에 가도 잠자리 걱정은 안 해도 되겠네요?"라고 말이다.

매년 여름, 부천국제판타스틱영화제(PiFan)가 시작될 때 즈음이면 국내외 영화 마니아들이 부천으로 모여든다. 시청을 비롯한 일부 상영관 주변은 텐

도심속에 개장해 시민에게 사랑받는 야인시대 캠핑장

트촌이 형성되는 진풍경이 연출되기도 한다.

부천시 입장에서 보면 영화제를 애호하는 반가운 고객들인지라 하나의 문화로 받아들일 수밖에 없었다.

초등학교 별로 가족과 함께 1박하며 캠핑을 하는 프로그램이 있는데, 대부분 황량한 학교 운동장 자체에서 진행되곤 한다. 우리 학생들이 보다 좋은 환경, 프로그램이 있는 곳에서 1박의 소중한 추억을 남길 수 있다면 얼마나 좋을까?

2012년부터 주5일 수업이 본격화됨에 따라, 가족단위 캠핑문화도 많이 증가했다. 멀리 떠나지 않고서도 집근처에서 캠핑을 즐길 수 있으면 얼마나 좋을까라는 생각을 했다. 이런저런 아쉬움이 쌓이고 쌓여 도심속 캠핑장 만들기 프로젝트는 시작되었다.

유휴지 활용 도심속 캠핑장, 시민들은 대만족

2012년 6월, 부천영상단지 내에 문화캠핑장을 오픈했다. 부천시민이라면 누구나 상동 영상단지 내에 시설된 'SBS TV 드라마 야인시대 세트장'을 한 번씩은 다녀갔던 기억이 있었을 것이다. 이곳은 1930년대에서 60년대 서울 종로와 청계천 일대를 재현한 곳으로 지난 10년간 각종 영화와 드라마 등의 촬영 장소로 각광받아왔다.

그러나 가설물로 시설을 조성했던 관계로 10여 년이 넘어서면서 건물들이 낡고, 운영에 따른 어려움, 이용객들의 안전사고까지 우려됐었다. 고심 끝에 내린 결론이 시설물 철거를 결정하게 되었다. 그리고 이곳에 캠핑장을 조성했다. 바로 부천 야인시대 캠핑장이다.

야인시대 캠핑장에서 시민들과 1박

부천 야인시대 캠핑장은 4~5인용 텐트 150개를 설치가 가능하다. 임차해서 활용할 수 있는 곳은 100곳이다. 50곳은 이용자가 직접 텐트를 가져와 칠 수 있다. 취사장과 세척장, 화장실, 샤워장 등도 갖추고, 주변에는 농구장과 족구장, 소형 야구장, 배드민턴장 등 각종 체육시설, 사계절 꽃밭, 주말농장도 마련했다.

아울러 이곳에서는 3대 국제행사인 부천국제판타스틱영화제, 부천국제만화축제, 부천국제학생애니메이션 페스티벌 기간 중에는 관람객 참여형 시즌 캠핑장으로도 운영돼 큰 호응을 얻고 있다.

이제 부천야인시대 캠핑장에서 가족단위 여행에 돈독한 정을 나누는 장소 공간으로 잘 활용되었으면 하는 바람이다.

야인시대 세트장이 있던 자리에 부천 캠핑장이 비로소 문을 열었습니다. 일상에 지친 시민들이, 가족과 함께 여유를 즐길 수 있도록 부천야인시대 캠핑장 같은 도심속 명소를 점차적으로 확대해 나가고자 합니다.

▶ 도심 속 캠핑장, 기대됩니다. 무엇보다도 시장님의 시정을 시민들과 함께 하려는 모습이 보기 좋습니다.

(이택종 2012–02–14)

▶ 대환영입니다. 가족단위로 멀리까지 가지 않고도 야영을 즐길 수 있다니 많은 사람들이 좋아할 것이라 생각됩니다.

(사영애 2012–02–11)

▶ 부천에 캠핑장이 언제 생기나 했는데 드디어 생기네요. 올해엔 꼭 가족들과 즐거운 캠핑 하러 가야겠어요

(한석수 2012–02–13)

▶ 단지 텐트만칠 수 있는 곳이 아닌 문화, 체육, 기다 편의 시설까지 넣어준다니 차별화된 캠핑장이 될 것 같습니다. 명소로 만드는 것은 우리 시민들이 맡을게요.

(최인성 2012–02–10)

▶ 오호라 이제 남의 도시만 부러워 했던 캠핑장이 드디어 우리 부천에도 생기는군요. 감사합니다. 저렴하게 운영되겠죠? 이처럼 우리시에도 가족이 함께 할 수 있는 다양한 여유공간과 체험공간이 꾸준히 늘었으면 합니다.

(공정민 2012–02–11)

▶ 부천에도 캠핑장이 생긴다니 기쁘고 반가운 일입니다. 비 오늘 날에도 이용이 가능하도록 바닥에 데크가 깔려진 캠핑장이었으면 좋겠네요. 상암캠핑장에는 캠핑도구도 대여하는 것으로 알고 있습니다. 그런 편의성을 갖춘 캠핑장이길 바래봅니다.

(임수빈 2012–02–11)

▶ 부천시가 이제 인간중심 자연중심도시로 변모해 가네요^^ 올 여름부턴 난지공원이나 멀리 안가도 자연을 즐길 수 있게 되었네요. 오정대로변 가로수도 멋진나무로 많이 좀 심어주세요 그럼 도시도 아늑하고 환경도 좋아지겠지요. 시장님과 시행정에 수고하시는 님들께 감사드립니다

(조홍재 2012–02–13)

도심에서의 녹색체험,
수목원에서 즐기자

서울 다음으로 인구밀집도가 높은 도시 부천, 부천만큼 녹색공간이 부족한 도시는 없을 것이다. 취임기간 동안 100만 그루 나무심기 사업을 진행하려한다. 시민기부의 숲 만들기부터 특색있는 수목원 만들기 등 다양한 방법으로 녹색공간을 확대해 나가고자 한다.

콘크리트 깨고 나무심기에서 배운다

원혜영 의원은 시장재직시절 녹지공원화 사업의 기본방향에 대해 '인구밀집도가 서울 다음으로 높은 도시, 콘크리트로 도배된 도시인 부천에 녹지 공간 조성의 선택은 콘크리트를 걷어내는 일이었다.'고 말한다. 점과 선을 따라 나무를 심고, 면적을 만들어 가는 과정에 콘크리트도 예외없는 식재공간이었다.

원미구 춘의동에 위치한 무릉도원수목원

이러한 부천의 노력, 나무심기 열풍이 전국의 이목을 집중시켰다. 자투리 공간마다 나무심고, 면에는 쌈지공원을 조성하는 사업이 붐을 일으켰다. 기념식수, 헌수운동 등 모두가 녹색도시 가꾸기 사업 일환으로 진행되었던 전국의 수범사업이었다.

나도 취임기간 동안 100만 그루 나무심기를 목표로 사업의 맥을 이어가려 한다. 방법은 한 뼘 공원만들기, 이번 식목일에 시도했던 시민기부의 숲 만들기, 수목원 조성 등이다.

전국에 하나밖에 없는 음지식물원

지난 해 외곽순환고속국도 하부공간 화재사고는 느닷없는 청천벽력 같은 대형 사고였다. 하지만 전화위복이라는 표현도 있듯이, 이곳 불법천지의 공간이 시민이 작심하고 찾는 녹지공간으로 새롭게 탄생되었다. 바로 '해그늘 식물원'이다.

해그늘 식물원 이름 또한 순수한 우리말로, '해그늘'은 '햇빛에 가려서 진 그늘'이라는 의미를 담고 있다. 외곽순환국도 하부공간은 그늘이 많은 곳으로 햇빛이 스며드는 시간은 고작 두 시간 내외에 불과하다. 이러한 공간적 특성을 고려하고, 전문가의 자문을 구해 생육이 가능한 음지식물을 한데 모았다.

총 면적 3천5백㎡에 맥문동, 옥잠화, 비비추 등 72종 10만여본을 일조량을 고려해 반 음지, 극 음지별로 식물의 특성, 계절별로 꽃 피는 시기를 반영해 심어 놓았다. 꽃 종류별로 QR코드를 설치해 꽃의 특징도 학습 할 수 있도록 했다. 이것이 바로 부천의 방치된 공간에 재생의 개념으로 탄생한 전국에 하나뿐인 음지식물원, '해그늘 식물원'이다.

사계절을 오롯이 느낄 수 있는 테마형 수목원

녹색체험은 테마가 있는 숲, 특히 수목원이 최고다. 일상에 지친 시민들에게 온 가족이 함께 녹색 여유를 즐길 수 있도록, 한정된 녹지공간을 효율적으로 활용해 테마형 수목원을 조성하는데 박차를 가하고 있다.

도당수목원은 원미구 도당동 산34-6번지 장미공원 옆, 5만8천㎡ 일원이다. 편백나무 숲과 메타쉐콰이어 길 조성, 옹달샘원, 자연학습원, 치유의 숲에 십 만 여 주의 나무를 식재해 2011년 7월 문을 열었다.

도당수목원은 전국최대 백만송이 장미원, 도당산벚꽃단지, 아기장사바위 동산과 연계됨으로써 시민의 발길이 끊이지 않는 구도심의 대표적인 거점공원으로 자리매김 될 것으로 기대된다.

원미구 춘의동 산80 일원에는 무릉도원 수목원이 2012년 가을 문을 열었다. 21만2000여㎡의 공간에 마련된 무릉도원 수목원은 부천을 상징하는 유실수, 복숭아나무 동산과 인공폭포, 잔디광장, 수목원 전체를 내려다 볼 수 있는 전망대, 활·침엽수원, 피크닉장 등을 갖췄다.

또 일곱가지 색으로 이뤄진 꽃동산인 '무지개원'과 바위에 붙어 서식하는 식물군락인 '암석원', 창포를 심어놓은 인공 개울인 '창포원', 아토피 치유의 숲, 수목원에서 가장 높은 곳에 '하늘호수' 등을 꾸며 '수목원 8경(景) 코스' 도 탄생했다.

부천식물원과 자연생태박물관 등과 인접해 있는데다 중·상동 신도시와 서울을 연결하는 주도로인 길주로와 맞닿아 있어 서부 수도권 시민 및 학생들의 휴식공간과 자연학습장으로도 각광을 받을 것으로 기대한다.

이외에도, 부족한 녹지공간을 확대하기 위해 학생들의 좋은 학습 환경 조성, 주민 휴식 공간 제공을 위해 학교 숲 가꾸기 사업도 진행한다. 교육환경이 열악한 학교부터 연차적으로 확대 목표를 갖고 꾸준히 진행해나갈 계획이다. 100만그루 나무심기, 한 뼘 공원만들기, 시민기부의 숲 가꾸기 등은 녹색도시 부천을 만들어가고자 하는 진행형 사업이다.

녹색공간이 부족하면 도시는 더욱 삭막해져 보일 수밖에 없습니다. 저탄소 녹색 도시 부천을 만드는 일, 부천의 곳곳에 나무를 심고, 푸른 부천을 만들어 나가는 일 함께하지 않으면 구현될 수 없습니다. '우리아이가 100점을 받았을 때', '어려운 시험에 합격 했을 때', '출산했을 때', '승진했을 때', '연인 만남을 기념하고 싶을 때' 등 소소한 일부터 중한 일에 이르기까지 기념일에 식수하는 습관, 붐을 조성해 나가는 것, 부천만의 녹색도시만들기 특화사업을 구상합니다.

▸ 와우~ 부천 도당산에 수목원이 조성된다니 좋네요. 딸아이 손잡고 도당산 등산 다닐 때마다 뭔가 한 가지 빠진 느낌을 지울 수가 없었는데, 수목원이 들어서면 꽉 찬 느낌이 들겠어요.^^ 한가지 제안 하자면… 제주도 올레길처럼 도당산과 원미산이 연결되어 걷기 좋은 길이 우리 부천에도 있었으면 하는 바람을 가져 봅니다.^^ (앵두초 2011-04-14)

▸ 부천시를 대표할 수 있는 수목 공원이 생긴다니 대환영입니다. 사실 부천시의 좁은 공간으로 이런 시설하기가 어렵다고 생각했는데 시장님의 탁월한 지혜로 주민 건강을 챙기는 녹지공간이 생긴다니 전폭적이 지지를 보냅니다. (최중원 2011-04-09)

▸ 정말 좋은 환경이 될 것 같네요. 숨쉬는 부천 허파와 같은 춘덕산 아름다운 공원이 조성된다니 반갑네요. 멋진 수목원 기대됩니다. 건강하세요. (신난다 2011-04-20)

외곽순환도로 하부공간, 사계절체육공원으로 재탄생하다

외곽순환고속국도 하부공간은 도로개설 이후부터 각종 불법 적치물 등으로 몸살을 앓아 왔다. 인근 주민들의 원성은 끊이지 않았고, 행정적 조치도 제도적인 한계를 이유로 외면되고 있었다. 시장으로 취임 후 정비의 드라이브를 걸고 있을 즈음 느닷없이 발생한 화재는 큰 충격이었다. 이 애물단지 공간을 재생의 미학을 잘 살려, 시민에게 사랑받고 자주 찾는 생산적인 공간으로 만들고 싶었다.

분단에서 화합과 소통의 공간으로 다시 태어나다

2010년 12월 발생한 외곽순환고속국도 부천구간의 화재는 자칫하면 부천의 불명예로 영원히 각인될 뻔했던 대형 사건이었다. 전국고속도로 휴게소 곳곳에 불법 적치의 대표적인 피해사례로 부천의 화재사건이 회자되고 있었다.

하부공간은 각종 불법 적치물 등으로 도로개설 이후부터 인근주민의 원성

전국에 하나밖에 없는 음지식물원 '해그늘 식물원'

이 계속됐다. 불법 시설에 대한 일관성 있는 조치 또한 제도적으로 미흡했고, 권역은 부천시 구간이었지만 불법사항에 대한 조치는 부천시가 아닌 소유자인 한국도로공사의 권한이었기 때문이다.

화재사건이후 불법 시설물에 대한 신속한 정비를 실시했다. 일체정비까지 1개월의 시간이 걸렸다. 하부공간이 부천시로 관리전환, 공간활용 계획수립, 예산확보, 착공 및 준공까지 10개월의 기간이 걸렸다. 일사불란한 진행이었다.

외곽순환고속국도는 사실 외형적으로도 동서로 양분시켜 좋은 이미지는 아니었다. 이런 애물단지였던 공간이 음지식물원과 체육시설을 갖추고 비, 바람 등 궂은 날씨에도 이용할 수 있는 사계절 체육공원 '해그늘 체육공원'으로 재탄생되었다.

시민이 즐겨 찾는 해그늘체육공원

부천시 전체면적 53.45㎢라는 협소한 공간에 인구밀집도 서울에 이어 두 번째다. 곳곳의 공간은 이미 상가, 주택 등 대형건물이 자리하고 있다. 일부에선 답답한 마음을 이렇게 표현하기도 한다. '바늘하나 여유를 갖고 꽂을 데가 없는 곳' 이라고 말이다.

이런 부천에 165,874㎡의 유용한 공간의 면적이 생긴다면 말 그대로 '대박'이다. 비용으로 따져도 500억 원을 웃도는 경제적인 효과를 지닌다. 이런 대박인 공간을 어떻게 활용해야 될까 고민은 시작되었다.

지난 4월 외곽순환고속국도 하부공간에 대한 관리권을 도로공사로부터 부천시가 이관받았다. 임시체육시설, 녹지대 조성 등에 소요될 예산도 확보

해그늘체육공원에서 인라인을 즐기는 시민들

했다. 시비 9억, 경기도 지원예산 10억 총 19억 원의 예산을 마련했다.

부천시는 이곳에 해그늘 음지식물원과 체육공원을 조성했다. 설치된 체육시설은 부천구간 총 면적(16만5천8백74㎡) 중 8만3천80㎡의 면적에 테니스, 게이트볼, 그라운드골프, X게임장, 인라인스케이트장, 배드민턴, 농구, 테니스장 등 10개 구장과 수도, 간이 화장실 등 부대시설, 자연학습장, 문화광장 등의 시설을 갖췄다.

또, 해그늘 식물원은 총 면적 3천5백㎡에 맥문동, 옥잠화, 비비추 등 72종 10만 여 본의 음지식물의 종류를 모두 모아 식재했으며, 시민들에게 볼거리 및 전천후 휴식공간을 제공하고 있다.

분단에서 화합과 소통의 공간으로 탄생한 이곳은 분명 우리 부천역사의 새로운 획을 긋는 의미를 지닙니다. 어려운 산고 끝에 탄생한 체육공원입니다. 주인은 바로 여러분입니다. 우리 부천시민입니다. 체력을 단련하고 화합을 도모하는 소통의 공간으로 널리 잘 활용했으면 하는 소망을 갖습니다.

▸ 매일 버스로 출퇴근하며 변화되어 가는 과정을 쭉 지켜 봤습니다. 깨끗하고 좋은 시설 부천시민 모두에게 좋은 공간으로 활용되길 바라며 시장님 이하 모든 관계자분 수고 정말 많이 하셨습니다.
(정상숙 2011-11-18)

▸ 해그늘 식물원 이름이 넘 예뻐요^^ 그냥 다리 밑 정도로만 여겼던 장소가 그런 멋진 곳으로 변했다니 꼭 보러 가고 싶어요. 다리 밑의 변신에 대해 외곽 순환도로 생길때 부터 상상을 많이 했었는데 별 변화가 없기에 그냥 버려지나 보다 했더니 완전 멋있네요. 계속 이쁘게 가꿔주세요. 사용하는 우리들도 깨끗하게 잘 쓸게요.
(윤영오 2011-07-22)

▸ 토요일 식물원에 다녀왔습니다. 눈, 비가와도 관람에 끄덕없을 듯 합니다. 불법 적치 공간에 생기가 도는 공간으로 변화 매우 좋았습니다. 계획하고 있는 주변시설까지 채워져 매칭하기까지는 시간이 다소 소요된다고 들었습니다. 하나씩 하나씩 생산적 공간으로 채워가는 노력 보기 매우 좋습니다.
(조상훈 2011-07-11)

▸ 정말 반가운 소식입니다. 가까운곳에 식물원이 생겨서 아이들과 나들이가기에 좋은 장소네요. 요즘같이 삭막한 생활 속에서 조금이나마 여유로운 시간을 보낼 수 있을 것 같아요.참 좋습니다.
(김미숙 2011-07-12)

▸ 아이와 비가 와도 손잡고 꽃구경할 수 있으니 얼마나 좋은 장소입니까. 그옆에 운동 시설까지 만들어준다니 1석2조 입니다. 눈도 즐겁고 건강도 챙기고 참으로 좋네요.
(우갑선 2011-07-11)

봄꽃을 만끽하기에
부천이 최고다

'봄날'에 '봄꽃'과 연관된 추억은 누구나 있을 것이다. 흩날리는 벚꽃 아래서 누군가와 뛰놀았던 기억, 사랑하는 사람과, 친구들과 꽃들의 향연 속에서 간직했던 추억 같은 것 말이다. 복사골 부천의 봄은 참 아름답다. 부천의 봄꽃 축제가 지쳐있는 시민 생활에 여유를 주었으면 한다.

릴레이 꽃 축제, 부천의 봄은 특별하다

10여 년간 부천에 살았던 소설가 양귀자 선생님의 단편소설 '한계령'을 보면 이런 구절이 나온다. "진달래가 흐드러지게 피었더라고, 연초록 잎사귀들이 얼마나 보기 좋은지 가만히 있어도 연초록 물이 들 것 같더라고…" 이 소설의 배경은 바로 원미산이다.

양귀자 선생님의 소설에서도 근거를 찾을 수 있듯이 우리 원미산은 본래 진

매년 4월 수도권의 명소로 자리잡은 진달래동산

달래의 군락지였다. 지금도 원미산 진달래동산에 가면 양귀자 선생님의 기념 시비를 확인할 수 있다. 봄이면 어김없이 온 산에 흐드러지게 피는 진달래꽃, 그리 화려하지 않으면서도 산을 오르는 등산객의 마음을 사로잡는 꽃이 바로 진달래꽃이다.

원미산 진달래꽃축제

우리나라의 어느 산이고 진달래가 피지 않는 곳은 없지만 그 중에서도 양귀자 선생님의 소설의 배경이 되었던 우리 부천의 원미산 진달래꽃동산을 빼놓을 수 없다.

봄이면 10~20년생 진달래꽃 수 만 그루가 군락을 이뤄 온 산을 붉게 물들이며, 아름다운 자태가 절정을 이루는 날 축제를 진행한다. 원미산 진달래꽃

축제는 부천시가 자랑하는 꽃축제 중의 하나다.

도당산 벚꽃축제

도당산 벚꽃축제도 상춘객들의 사랑을 받는 축제이다. 진달래꽃과 함께 매년 4월 부천시 도당산을 하얗게 물들이는 1.8㎞의 벚꽃길은 봄의 정취를 따라 나들이에 나선 가족들의 휴식 명소가 된다. 1천 여 그루의 벚나무에 만개한 꽃들과 오색조명이 어우러져 장관을 이룬다.

벚꽃 개화시기에 맞춰 열리는 도당산 벚꽃축제는 부천시를 대표하는 꽃 축제로 부천시민은 물론 서부수도권의 주민들의 사랑을 받고 있다. 축제의 날에 흥겨운 프로그램도 준비되어 있다. 공연, 체험, 불꽃놀이, 먹거리 마당 등이 함께 흥을 돋는다.

춘덕산 복숭아꽃축제

초등학교 교과서에 소개될 정도로 유명했던 부천의 소사복숭아. 하지만 지금은 부천의 어디서든 옛 소사복숭아의 풍요로웠던 명성은 쉽게 확인 할 수는 없다. 옛 부천의 상징인 옛 소사 복숭아의 명성을 기리고자 복숭아꽃이 피는 4월에 춘덕산에서 복숭아꽃축제를 개최하고 있다.

도당산 장미축제

도당산 장미원은 국내 최대 규모의 장미원으로 자리 잡았다. 백만송이 장미가 도도한 자태를 뽐내기 시작하는 5월말부터 도당산 장미원은 부천 시민은 물론 익히 소문을 듣고 찾아온 수도권 관객들로 연일 인산인해를 이룬다.

특히 야간에는 2백여 개의 야간조명, 아치터널 네온 조명, 전기폭죽 조명 등과 백만송이 장미가 어우러져 감동과 추억을 선사해준다.

2013년에는 부천에 또 하나의 꽃 축제가 탄생한다. 고강동 철쭉꽃축제이다. 철쭉꽃축제와 더불어 매년 부천의 꽃축제는 더욱 풍요로워질 것이다.

부천에 따뜻한 봄기운이 살포시 느껴질 때면 새로운 감동과 추억을 더해 줄 꽃들이 여러분을 맞습니다. 꽃이 피어있는 동안 축제는 계속됩니다. 여기에 품격있는 프로그램, 볼거리, 즐길거리, 먹거리가 부천의 꽃 축제를 풍요롭게 합니다. 아무리 일상이 힘들더라도 꽃 피는 계절은 우리 시민이 진정한 주인공이기를 소망합니다.

▸ 이번에 원미산에 다녀왔는데 진달래꽃이 활짝피었더군요. 많은 시민들이 꽃구경을 와서 발 딛을 틈이 없을 정도였어요. 한가지 아쉬운 점은 놀이공원 광장 쪽에 외국인들이 마이크를 잡고 무슨 말을 하는지는 모르지만 너무나 소음이 심하고 불쾌하다는 생각까지 들었습니다. 여러 시민들이 이용하는 공원에서 그런 소음은 없었으면 합니다.

(봉영이 2012-04-19)

▸ 항상 시민을 위하여 생각하시는 시장님 감사합니다. 볼거리 많고 웃음이 있는 부천, 살기좋은 부천이 되게 노력하시는 모습이 아름답습니다. 늘 같이 하는 시민이 되겠습니다.

(박종은 2012-04-29)

▸ 원미산에 올랐습니다. 정말 좋습니다. 부천장미원, 벚꽃, 복숭아꽃 정말 좋은 부천입니다. 올 봄은 많이 설레일 것 같습니다. 좋은 일로 설레게 했으면 합니다. 화이팅

(하늘지기 2012-04-03)

▸ 드뎌 부천에 꽃바람이 불기 시작했네요? 원미산 진달래꽃 참좋습니다. 오늘 어떤분들이 또 나무를 심는 것을 보았습니다. 진달래로 원미산을 전국명소로 만듭시다. 시장님! 아셨죠?

(조영수 2012-04-01)

▸ 부천시민으로서 자부심을 갖습니다. 봄이면 여기저기 축제~ 도당산 벚꽃 축제~원미산 진달래축제는 고려산 못지않게 훌륭하다고 생각합니다. 도당공원 장미축제 정열적인 장미꽃 500여종의 꽃들이 우리들의 가슴을 설레게하지요. 꽃을 자연을 사랑하는사람들을 소통하게 하지요. 시장님의 젊은 아이디어로 더 많은 꽃을 우리 부천에 심어주세요^*^

(이능순 2012-04-21)

제 4 장

미래를 향한 마침표, 빛나는 부천을 만들다

부천지하철시대, 부천이 오른다

시장으로서 취임 1년의 시점에서 시 정책에 대한 의견을 물은 적이 있다. 앞으로 시 정책 추진 시 '우선적으로 고려해야 할 업무'를 묻는 질문에 시민 28.6%가 '지하철 7호선의 차질 없는 개통'을 답해줬다. 부천시의 가장중요사업, 최대 현안사업으로 생각하고 있는 부천 지하철의 차질 없는 개통을 위해 서울시, 인천시와 긴밀히 연대하며 준비해왔다.

부천지하철 7호선이 역사적 운행을 시작했다

전국 2위의 인구밀도(1만5천명/㎢)와 전국 최고의 차량밀도(3천600여 대/㎢), 전국최고 수준의 도시화율(95%이상)을 기록하고 있는 반면 도로율은 하위권으로 분석되었던 것이 최근까지 우리 부천시의 현주소다.

그리고 부천은 서울과 인천 그리고 김포와 시흥의 중간에 위치해 교통 입지상 끊임없이 차량이 밀려들고 일부 지역은 이미 심각한 체증을 겪고 있었다.

역사적으로 운행이 시작된 부천지하철 7호선 개통식

이러한 상황 속에서 드디어 부천 지하철 7호선이 역사적인 운행이 시작된 것이다. 지난 2003년도에 착공한 지하철 7호선 연장구간 사업은 서울 온수역에서~부천상동~부평구청에 이르는 총 10.2㎞(서울 0.44㎞, 부천 7.39㎞, 인천 2.37㎞)로 총사업비 1조 1천 8백억 원(부천시구간 8천억 원-국고지원 60%, 지방비 40%)이 투입되었다.

하지만 그간 계획된 공사기간이 예산문제로 지연되면서, 9여 년 간 지속되는 공사에 시민들의 피로감은 컸을 것이고, 또 지하철 7호선이 차질 없이 개통되기는 하는 건지 우려와 걱정이 많았을 것이다.

시민여망에 부응코자 했다. 행정력을 집중했다. 서울시장, 인천시장과 긴밀히 연대하며 차질 없는 개통에 뜻을 모았다.

2012년 12월 개통 계획을 앞당겨 10월 본격적으로 운행을 시작한 것이다.

지하철 7호선 연장사업의 개통은 서울과 인천을 동서(東西)로 연결하는 부천의 본격적인 지하철시대를 알리는 의미를 지닌다. 교통체증 해소는 물론 부천 발전의 견인차 역할로 우리 시민들의 기대에 큰 몫을 하게 될 것이다. 특히 서울 강남의 생활권과 연결되는 변화된 새로운 환경의 의미도 지니고 있다.

안산(원시)~부천(소사)~고양(대곡)간 지하철공사 착공

2012년 부천의 희소식은 당연히 소사~원시간 지하철 착공 소식이었다. 부천(소사)~안산(원시)간 지하철 오는 2016년 개통을 목표로 2012년 4월 첫 삽을 떴다.

총연장 23.3㎞로, 12개역이 설치되는 소사~원시간 지하철은 부천 소사동에서 안산시 원시동을 24분 만에 주파가 가능하고, 경인선을 소사역에서 환승할 수 있게 돼, 소사역이 메인역으로 기능하게 되는 것이다. 대중교통의 편리는 물론 소사구 지역경제 활성화에 크게 기여할 것으로 기대하고 있다.

한편, 지하철7호선의 동서구간 연장에 이어 온전히 남북간을 잇는 지하철은 안산(원시)~부천(소사)~고양(대곡)간이 담당하게 된다. 소사에서 원미, 오정구 지역을 남북으로 관통해 김포공항을 거쳐 고양 대곡까지 연결하는 지하철 연장 건설사업은 2017년 준공을 목표로 착공에 들어갈 예정이다.

소사~대곡간 지하철사업은 소사역에서 종합운동장사거리, 오정동과 원종동을 끼고 김포공항까지 이르는 노선이다. 이 사업은 오정구 주민들의 최대 숙원사업으로 내부적으로는 우리 오정구가 비로소 지하철 시대를 맞게 되는

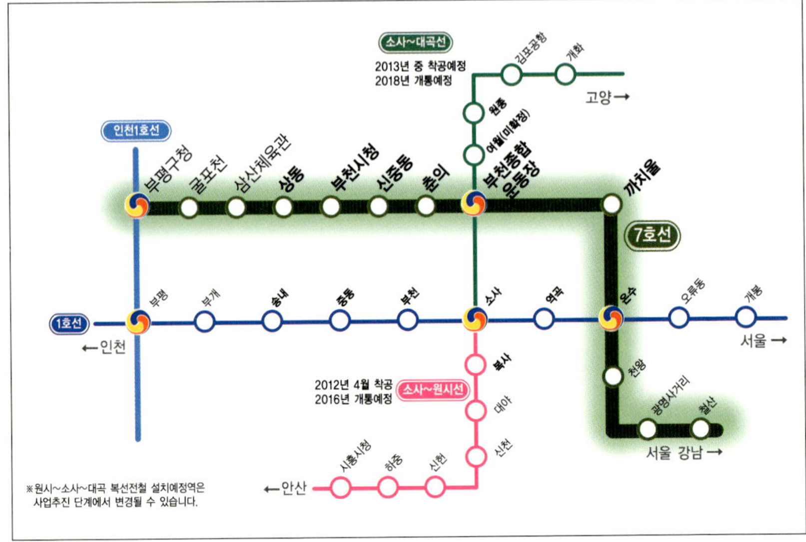

뜻 깊은 의미를 지니고 있다.

격자형 지하철 시대, 부천의 가치는 오른다

부천의 역사적인 지하철 시대 도래는 쉽게 다가선 것이 아니다. 교통체증해소를 위해 고민했던 선각자적인 마인드가 있었다. 예산확보와 새로운 노선 확정을 위한 부천시 역량의 결집된 노력이 이룬 소중한 성과로 생각한다.

지하철7호선 개통에 이어, 2016년 부천(소사)~안산(원시)간, 2017년 부천(소사)~고양(대곡)간 지하철이 개통되면, 명실공히 우리 부천은 지하철 1호선, 지하철 7호선 연장, 안산(원시)~부천(소사)~부천(오정)~고양(대곡)에 이르는 지하철까지 포함해 수도권 최고의 황금 지하철 시대를 열어가게 되는 것이다.

신시가지의 주거 및 상업지역의 발달은 물론 원도심인 소사, 오정, 원미구 춘의사거리, 역곡 수주로 일대까지 상당한 영향을 미칠 것으로 전망하고 있다. 시민들의 생활 패턴에도 큰 변화를 가져올 것으로 기대된다.

교통대란이라는 걱정섞인 전망은 이제는 안 해도 될 것 같습니다. 이제는 미래 비전에 대한 고민이 필요합니다. 새롭게 본격적으로 열리는 지하철 시대와 더불어 부가가치가 높은, 삶의 질이 향상된 새로운 발전방안을 함께 논의할 시기가 도래한 것입니다.

▸ 부천 지하철시대 잘 뚫리겠지요? 역세권 발전하겠지요? 구도심 발전계기가 되는 것이지요? 신나는 부천, 생동감있는 부천, 기대됩니다.　　　　　(김사랑 2011–02–20)

▸ 경제를 살리고 복지를 하자면 영원히 복지는 뒷전이 되는 것입니다. 시 재정을 확보한 후 지하철 7호선을 연결하자고 했으면 영원히 부천에 지하철 7호선도 원시–소사–대곡지하철도 없었을 것입니다. 일반시민인 저도 부천의 교통지옥을 생각했습니다. 오늘날 부천의 격자형 지하철시대는 지하철 7호선 첫 삽이 신호탄이었습니다. 어떻게든 진행되는 것 아니겠습니까? 추진당시 많은 비판을 받았지만 선각자적인 마인드는 확실했던 것 같습니다.　　　　　(워너비 2011–02–19)

▸ 탁상공론이 아니라 시민들의 의견을 듣고자 하시는 시장님의 열린 마음에 호감을 얻었습니다. 시민들이야 날로 발전되는 전철교통이 사통팔달 뚫리는 것이 더 없이 반갑지요. 조속히 개통이 되어 가기 힘든 안산을 갈아타지 않고 달릴 수 있는 시대를 기대해 봅니다.　　　　　(안옥희 2011–02–22)

▸긴 여행끝에서 얻는 기쁨이랄까요? 예산이 없어 공사중단까지 하면서 지금에 왔는데 완공이 얼마남지 않았다니 정말 기쁩니다. 완벽하게 마무리 하시고 항상 주민과 소통하는 시장님이 되셔요.　　　　　(우갑선 2011–08–01)

▸7호선 지하철 공사가 너무 오래동안 진행되고 있어서 불편해 하는 사람이 많습니다. 설문에서도 나타났듯이 조속히 마무리해서 보다 편리한 교통환경이 만들어지고 생활의 불편이 덜어졌으면 좋겠습니다. 그리고 서민들의 삶에 보탬이 되는 많은 정책 부탁드립니다.　　　　　(잘살자 2011–07–31)

이제, 문화예술의 '부천르네상스'가 시작되다

문화시설을 먼저 짓고 프로그램을 채워 나가려는 다른 도시들에 비해 우리 부천의 문화 콘텐츠는 아주 풍부하다. 반면에 걸맞게 담아 낼 그릇이 빈약하다는 여론이다. 문화예술회관 건립이 중동 신시가지 건설시 계획되었으나 20여 년간 표류하면서 지역예술인들은 창작활동에 구조적인 어려움이 있다고 말한다. 문화예술회관 건립이 시급한 실정이다.

경쟁력 있는 문화 · 예술을 한 그릇에 담다

우리 부천의 브랜드 가치는 누가 뭐래도 문화로부터 나온다. 지난 20여년 동안 우리 부천은 문화와 예술에 많은 투자를 해왔다. 이제 90만 모든 시민이 문화와 예술을 즐기고 참여하는 진정한 문화특별시로 업그레이드하기 위해서는 그 무엇보다 문화예술회관의 건립이 시급하다.

2012년 5월 부천시의회 제178회 임시회에서 문화예술회관 건립 계획이 비

부천필하모닉오케스트라

로소 통과되었다. 지난 20년간 표류해왔던 문화예술회관의 건립 사업이 오
랜 산고의 과정을 거쳐 구체화 과정에 이르게 된 것이다.

문화예술회관은 단순히 공연장의 시설만을 갖추는 것이 아니다. 지금까지
우리 부천발전의 미래 동력으로 부천시의 양식과 같은 기능을 할 것이다. 문
화예술이 바로 지역경제와 연계됨으로 성장의 축이 될 것이라는 기대감도 갖
는다.

일각에서 건립에 소요될 비용 등을 두고 막대한 예산 낭비의 단순한 토건
사업이라는 냉소적인 반응도 있다. 1조원이 넘는 지하철 7호선 연결사업 계
획을 발표했을 때도 예산낭비 투자 사업이라는 부정적인 여론이 매우 높았
다. 시 재정이 거덜난다고 비아냥거리기도 했다. 하지만 지하철 7호선이 개
통됨으로써 시민들의 만족도는 상당히 높은 편이다.

　이렇듯 문화예술회관의 건립 또한 당장 단순히 투자 액수만을 놓고 우려해야 할 대상이 아니다. 파급효과를 고려한 전망이 필요하다. 지하철 7호선 개통은 부천 발전의 동력이 될 것이고, 더불어 영상문화단지, 길주로를 중심으로 한 문화예술회관, 종합운동장 역세권이 우리 부천 성장 동력의 중심축이 될 것이다.

문화도시 부천이 즐거워진다

　중앙공원 내에 문화예술회관 건립은 객관성 있는 데이터와 과학적인 분석에 입각한 선택이었다. 그럼에도 불구하고 중앙공원의 녹지공간이 훼손된다거나, 교통 체증 문제 등 일부 주민들의 우려의 목소리가 들려온다.

중앙공원 내 건립예정인 부천문화예술회관 조감도

  부천시는 문화예술회관 건립과 관련해 시민의견을 듣기 위해 아파트설명회, 시 홈페이지 등 다양한 루트를 통해 전방위 홍보를 진행하고 있다. 특별히 중앙공원 인근 주민을 대상으로 폭넓게 의견 수렴할 기회도 가졌다. 의견조사서를 가가호호 배부하고, 표출된 발전방안, 우려의 소리를 적극 담아낼 것이다.

  문화예술회관은 부천시에 꼭 필요한 시설이다. 부천시는 문화 콘텐츠는 풍부한 반면 그것을 걸맞게 담아 낼 그릇이 빈약하다는 지적을 받아 왔기 때문이다. 문화특별시 부천의 위상에 걸 맞는 문화예술회관을 조속히 건립하고 시민회관을 리모델링해 지역 기초문화예술인들이 창작과 발표 활동에 전념할 수 있는 공간마련도 진행해 나가려한다.

  경쟁력 있는 시설, 실속 있는 꽉 찬 프로그램으로 부천의 부가가치를 한껏 높여나갈 문화예술회관 건립에 한데 힘을 모아주기를 바란다. 365일 문화예술로 역동하는 문화특별시 부천을 함께 잘 만들어 나갔으면 한다.

부천과 인접한 인천 인구가 280만입니다. 서울 강서, 양천, 구로, 금천구 포함한 인구는 250만에 육박합니다. 이들 인구가 바로 우리 부천 문화예술의 고객이 됩니다. 매우 접근이 용이한 500만 이상의 인구를 관객으로 맞이하는 부천은 대한민국 문화중심지가 되는 것입니다. 365일 문화 예술로 역동하는 문화특별시 부천을 생각합니다.

▸ 문화예술회관 신축에 적극 찬성합니다. 사실 문화도시를 표방하는 우리시 규모에서 제대로 된 공연장 하나 없다는 것은 그동안 다양한 민의를 외면해온 창피한 일입니다. 특히 지하철과 연계하는 중앙공원에 건립을 적극 지지합니다. (정원희 2011-07-16)

▸ 발상이 훌륭하십니다. 중앙공원 내에 건립하면 부지 관련비용이 세이브 될테니 정말 멋진 아이디어입니다. 곳간도 넉넉잖은 부천 살림에 도움이 클 것 같군요.

(이주희 2011-07-16)

▸ 문화예술회관을 마련한다는 데 딱히 반대할 이유는 없습니다. 하지만 부천의 중심지인 중앙공원 내에 건립하는 것은 반대합니다. 문화예술회관을 이용하는 시민은 그리 많지 않습니다. 소수를 위하여 대중이 이용하는 휴식공간을 줄이는 것은 적절치 않다고 봅니다. 보다 넓은 안목으로 생각하시고 소외된 지역을 개발 활용하여 균형발전이 되도록 해주셨으면 합니다. (김진학 2011-07-18)

▸ 부천의 꼭 필요한 시설이라고 생각하고 있었는데 부천 시민의 한 사람으로써 기쁩니다. 최적의 장소가 어떤 곳이 좋은지는 제가 판단하기는 매우 어려운 일이지만, 부천 시민 누구나가 공감 할 수 있는 훌륭한 문화공간이 탄생하길 간절히 바랍니다.

(이미애 2011-07-16)

▸ 참 좋은 생각입니다. 전문적인 공연장 하나 없어 좋은 콘텐츠도 다른 도시에 의존해야 했는데 다행입니다. 아울러 덧붙이자면 작은 규모의 상설 감상실도 만들어 클래식이나 재즈, 또는 대중음악도 쉽게 접할 수 있으면 좋겠고 경우에 따라서는 부천의 예술인이 작은 공연도 할 수 있으면 더욱 좋을 듯 합니다. 또, 부대시설로 갤러리도 만들어 부천의 미술인들이 많이 활용하고 작품발표를 할 수 있도록 하면 어떨까 합니다.

(박종운 2011-07-16)

내(川)가 많은 부천 물길 연다

부천을 한자로 '富川'으로 표기한다. 강이 풍부한 곳이라는 의미다. 그러나 정작 부천에는 변변한 하천하나 없는 게 현실이다. 그나마 상동을 가로지르는 '시민의 강'이 우리 시민들의 강에 대한 목마름을 다소마나 해소하고 있는 유일한 곳이다. 40년 폐쇄된 물길을 열어보자는 시민의 여망이 높다. 심곡복개천 복원사업에 행정력을 모으고자 한다.

40년 폐쇄된 심곡천 물길열기, 현실화되다

최근 도심 속 수변공간 조성이 시대적인 과제로 부상하고 있다. 전국지방정부는 물론 전세계적으로 쇠퇴된 수변공간을 다기능 복합적인 공간으로 재생을 고민하는 추세다.

우리 시도 심곡복개천 복원사업을 추진한다. 있던 하천을 제대로 복원해서 도심 수변공원 기능은 물론 구도심을 활성화시키는 동력으로도 작용할

옛 심곡천 모습

수 있도록 하기 위해서다.

심곡복개천 복원사업에 대한 계획을 발표하고, 국토연구원으로부터 타당성 용역까지 마친상황에서 호기를 맞게 되었다. 바로 심곡복개천 복원사업이 환경부에서 추진하는 '도심 건천·복개하천 생태복원사업'대상으로 선정됐기 때문이다.

지난 2011년 6월 환경부 장관 주재로 가진 협약식에는 3단계사업 대상지로 선정된 부천시 등 10개 자치단체장이 참여한 가운데 이뤄졌다. 주요 협약 내용으로는 사업의 성공적인 수행을 위한 추진방향과 지침을 제시하고 필요한 예산을 지원(환경부), 성실한 사업수행으로 생태·문화·역사가 어우러지는 녹색 생활공간 제공(지자체), 생태하천 복원분야의 경험을 바탕으로 기술 및 행정적 지원 실시(한국환경공단) 등의 내용을 포함하고 있다.

자연형 생태하천으로 복원될 심곡천 조감도

예전부터 심곡복개천 복원사업은 지역의 원도심을 활성화시키는 방안으로 많은 사람들이 구상하고, 고민하고, 제안해 왔었다. 하지만 예산의 어려움, 사업 후 불확실성에 대한 이유 등으로 본격화하지는 못하고 있었다. 이번 환경부와 협약을 계기로 사업추진에 보다 탄력을 받게 됐다.

부천의 원도심, 심곡천 중심으로 다시 태어나다

심곡복개천 복원사업은 원미구 심곡동 홍천길(원미사거리~중동신도시 지구계)에 위치한 심곡천 1.2km를 2012년부터 2016년까지 총사업비 3백50억 원을 투입하여 자연형 생태하천으로 정비하는 사업이다. 총사업비는 3백50억 원(국비70%, 도비15%, 시비15%)정도로 추산된다.

사업기간은 기본계획 수립용역, 실시설계용역과정을 거쳐 도심의 하천으로 제대로 기능하기까지는 5년(2011~2016)이 소요될 것이다.

사업추진에 따른 시행착오를 없애기 위해, 서울의 성북천, 청계천, 전주의 노송천과 수원의 수원천 등 도심 속에서 수변공원으로 기능하고 있는 다른 지방자치단체들의 하천 조성사업 과정을 주의 깊게 살피고, 미국·일본·프랑스 등 선진국의 하천 사례도 벤치마킹하고 있다.

부천에 비로소 '富川'이라는 이름에 걸 맞는 번듯한 수변공간이 탄생하게 된다. 물이 흐르는 수변공원에 산책로와 휴게시설, 문화공간을 갖추고, 각종 수생식물과 관목류가 자라는 조경시설도 자리한다. 원도심 생활환경을 획기적으로 개선하고, 지역 상권 활성화를 도모해 나갈 부천의 새로운 역사를 기대해본다.

심곡복개천 복원사업은 우리 시민들을 위해 친환경적인 공간을 만들고자 하는 것입니다. 지역발전을 견인하기 위한 경쟁력있는 시설을 만들어 나가고자 하는 것입니다. 완성단계까지는 아직 여러 과정이 남아있습니다. 여러분의 참여가 필요합니다. 다양한 아이디어를 바랍니다. 지혜를 구합니다.

▸ 어릴적 중앙극장 앞 개천에서부터 삼정동의 오대부까지, 노란 주전자를 들고서 마냥 고기잡던 생각이 떠 오르는군요.ㅎㅎㅎ 개천이 복원이 되면 각박한 세상사... 수변공원에 걸터앉아 지나간 시절을 떠올리며, 지나간 추억에 잠기어 모든 시름을 잠시나마라도 흘러가는 개천에 내려놓고, 갈수록 메말라져만 가는 나의 마음에 어릴적 순수한 동심의 마음을 하나 가득 가슴 깊이 담을 수만 있다면야 얼마나 좋을까 하고 생각해 봅니다.

(이남걸 2011-06-11)

▸ 심곡 복개천 복원사업 너무 반가운 소식이네요. 하지만 교통문제는 좀 걱정이 되는군요.

(지혜진 2011-06-13)

▸ 무엇보다도 중앙정부의 시책사업으로 선정되었다니 기쁩니다. 심곡 복개천이 서울의 청계천에 못지 않은 부천의 명소로 거듭나길 기원합니다. 사후에도 잡음이 생기지 않도록 체계적이고 전문적인 공사가 되도록 힘써주시기 바랍니다.

(이미애 2011-06-13)

▸ 현실적으로 차량 통행이 무척 많은 곳인데 공사가 시작되면 어찌될지 모르겠네요. 복구를 반대하는 입장은 아니지만 청계천처럼 대리석으로 다 둘러쌓아놓고 복원이라고 하지는 말아주세요. 이왕 돈과 시간 시민들의 불편을 감수하고 공사를 하는 만큼 정말 환경적인 정말 부천다운 하천을 만들길 바랍니다.

(김용옥 2011-06-13)

▸ 부천 토박이라면 복개천을 기억하고 있을 것입니다. 저 또한 부천에서 자라 부천을 떠나본적이 없기에 부천의 옛모습을 그리워하는 사람 중 한명 입니다. 글을 읽으면서 정말 신중하게 잘 조성해서 자연의 피해가 없도록 잘~ 진행되어 옛날의 복개천은 아닐지라도 현대에 맞게 다시 태어나는 복개천을 보고 싶네요.

(나무 2010-12-11)

▸ 도심에 강이 흐른다는 생각은 참 좋습니다. 그렇지만 청계천과 같이 강을 복원함으로써 드는 막대한 유지관리비를 생각해주시고 정말 환경에 부합하는 강 복원을 적극 검토해주시면 좋겠습니다. 자연스러운 강 복원을 희망합니다.

(조미경 2010-12-13)

뉴타운 · 재개발, 지역갈등 극복 해법 찾는다

부천시 뉴타운재개발 사업은 지난 2005년도 부동산 경기 활성화 시점에서 도로 · 공원 · 주차장 등 도시기반시설 확충과 신 · 구 시가지간 균형발전의 관점에서 검토되었다. 뉴타운, 재개발에 따른 주민설명회의 자리에 1천여 명이 넘는 주민들의 자발적인 참여가 있었다. 지금의 상황은 많은 변화가 있다. 우선 건설경기가 좋지 않다. 부동산 경기도 매우 침체되어 있다. 뉴타운, 재개발 시 주민 개인들의 높은 부담을 간과할 수 없는 상황이 되었다. 해법을 고민한다.

뉴타운 그리고 재개발, 모든 것이 주민 바라는 대로

최근 부동산경기 악화, 정부의 주택공급 정책변화 등 요인으로 정비사업 추진여부에 대한 주민간 의견대립이 심각한 실정이다.

주민갈등의 가장 큰 원인은 합리적 의사 결정을 위한 근거가 될만한 객관적 자료가 없다는 점이었다. 정비사업 후 재개발에 따른 새 아파트 장만 시 개인별로 얼마나 돈이 들어갈지 미리 알 수만 있으면 갈등없이 합리적인 결정

부천시 전경

이 가능해질 수 있을텐데 말이다.

부천시에서는 지역에 적용할 예측프로그램을 도입하기 위해 이미 예산을 확보하고, 본격적으로 프로그램 개발 작업을 서둘렀다. 도중에 경기도 차원에서 범용으로 활용할 프로그램 개발 방침이 마련됨에 따라 부천시 자체 진행계획은 보류한 채 경기도 프로그램개발 적용 시기를 기다려왔다.

비로소 뉴타운·재개발사업비 예측프로그램개발이 완료되었다. 바로 경기도 추정분담금시스템(GRES)으로, 2012년 7월 10일부터 서비스를 제공하고 있다.

지금까지는 정비사업 시행 시 토지 등 소유자가 부담해야 할 분담금은 자산평가가 완료되는 '관리처분 단계'에 이르러서야 비로소 알 수 있었다. 이젠 본격적으로 '추정 분담금 예측프로그램'이 운영 됨에 따라, 정비사업 초기 단계부터 구역 내 주민이 사업에 대한 개인별 분담금을 미리 예측하고 향후 사업 진행여부를 결정할 수 있는 근거를 마련하게 되었다.

제도적 보완을 위한 노력은 계속 된다

뉴타운·재개발사업은 사업추진 방식이 원칙적으로 민간(조합)방식으로 진행된다. 지역주민이 사업주체가 되어 추진하는 사업이다. 주민의 재산권과 밀접한 관계가 있으므로 시민들의 동의가 매우 존중되어져야 한다.

부천시는 지역의 상황을 면밀히 체크해 시대적인 상황변화에 따른 대응책을 마련코자 경기도, 중앙정부, 국회와 유기적인 관계를 유지하고 있다. 또, 시민의 입장에서 미비점을 아우르는 뉴타운·재개발관련 현행 법률개정을 위한 노력을 부천시가 선도적으로 진행해왔다.

뉴타운·재개발 관련 해법을 법률에서 다 담아내지는 못하고 있는 실정이지만, 진일보된 뉴타운 제도개선을 위한 '도시 및 주거환경정비법'과 '도시재정

뉴타운 관련 추진위 · 조합원들과 간담회

비 촉진을 위한 특별법'을 정부에서 2012. 2. 1일자로 개정 공포하는 단계에까지 이르렀다. 2012년 8월부터 시행하고 있다.

개정된 법률에 근거해서 시에서는 조례를 마련했다. 조례의 주요 내용은 ▲사업의 투명성과 주민의 선택권 강화를 위해 주민동의에 의한 추진위 및 조합 인가 취소와 정비구역 해제의 동의 방법 ▲정보제공 요청에 의한 공개방법 ▲사업성 개선을 위한 용적률 완화 및 소형주택 비율 ▲분쟁조정을 위한 부천시 도시분쟁조정위원회 설치·운영 등이 담겨져 있다.

최근 경기도에서 2014년 예산에 뉴타운 매몰비용지원을 위한 후속대책의 움직을 보이고 있다. 지역의 상황을 보다 면밀히 체크해 주민에게 이익이 되는 방향으로 대응책 마련을 위해 경기도, 중앙정부, 국회와 더욱 긴밀한 유기적인 채널을 유지해 나갈것이다.

추정분담금 공개 등 주민에게 정확한 정보를 제공하여 다수의 주민이 반대하는 구역은 주민동의에 따라 구역해제를 마무리하고, 추진을 원하는 구역은 사업이 원활하게 진행될 수 있도록 신속한 행정적 지원을 강화해 나갈 것입니다. 진행되는 사항, 사항에 대한 적시성 있는 홍보가 필요합니다. 소식지 발행, 뉴타운 상담센터운영, 찾아가는 민원상담소 운영으로 올바른 정보가 보다 적시에 제공될 수 있도록 역동성 있는 행정체계 구축이 필요합니다.

▸ 진일보한 내용이 개정법률안에 담겼네요. 부천시 노력 흔적이 보입니다. 개발 중지를 하게 된다면 조합이나 추진위에서 이미 지출한 비용 보전이 문제점일 겁니다. 대안마련을 위한 노력 지금부터 궁리해야 할 것입니다. 국비지원을 이끌어야 한다고 봅니다.

(조성일 2012–06–02)

▸ 정말 답이 없는 어려운 문제입니다. 사회적으로 관련된 사람들 상호간 양보와 배려가 있어야 한다고 생각합니다.

(정유정 2012–07–13)

▸ 말도 많고 탈도 많은 뉴타운 원점으로 되돌릴 수 있는 방법은 없나요?

(김인석 2012–07–14)

▸ 뉴타운 정책은 실패한 정책입니다. 부동산경기는 침체의 늪에 빠져있습니다. 현재로서는, 어떠한 노력을 한다 해도 부동산경기 활성화를 기대하기는 정말로 힘든 실정입니다.

(이종배 2012–07–13)

▸ 과연 뉴타운 실과 득에서 차이점이 있나요? 말도 많고 탈도 많은 사업이라면 접어야 하지 않을까요? 뉴타운 개발은 우리서민들이 잘살 수 있다면 해야 하지만 현실은 아닌 걸로 알고 있습니다. 지금어려운 살림살이 서민들은 허리가 휘어가는데 탁상공론 하시는 분들이 많으셔서요.

(이홍락 2012–07–14)

▸ 뉴타운 · 재개발 사업은 하루 빨리 진행되어야 하며, 더 경기가 나빠지고 슬럼화된 다음에는 정비 비용이 기하급수적으로 늘어날 것입니다. 지금 저는 상동 신도시에 살고 있지만, 원도심에 어쩌다 방문해 보면, 이곳이 90만 시민이 살고 있다는 수도권 도시가 맞나 싶습니다.

(tmxk8949 2012–06–04)

시민이 주인되는 잘 정리된
송내역 광장을 꿈꾼다

복잡한 송내역 북부광장 때문에 시민들의 민원이 끊이지 않는다. "목숨 걸고 버스를 타야 할 정도로 송내역 북부광장의 보행권과 이동권은 심각한 수준이다.", "3개 차로별로 정차하는 버스를 골라 타기 위해 시민들은 진입하는 버스와 뒤엉켜 아찔한 상황에 처하기 일쑤다." 등 시민들의 불만의 목소리는 높아지고 있다. 이용자 중심의 환승센터 건립이 시급히 필요한 때다.

무질서에 위험천만한 송내역 북부광장

송내역은 하루 약10만 여명이 이용하는 곳으로 부천시내에 위치한 5개역(역곡, 소사, 부천, 중동, 송내)중 유동 인구가 가장 많은 곳이다. 특히 오전과 오후 러시아워 시간대에는 이용인구의 집중현상이 나타나고 있다. 오전 8시에서 9시 사이 송내역 이용인구는 대략 1만 명이 넘는 것으로 집계된다.

현재 송내역 북부광장은 환승을 위해 3개의 버스차선과 2개의 택시차선이

버스와 택시, 사람들로 뒤엉킨 송내역 북부광장 모습

존재한다. 부족한 정류장 공간으로 광장 앞 사거리까지 버스와 택시가 꼬리에 꼬리를 물고 극심한 교통체증을 유발한다.

자전거 주차 공간에는 방치된 폐자전거, 무질서한 노점상은 보도를 점용한 채 악취를 뿜으며 불편을 조장하고 있다. 보행권 침해에 따른 시민의 원성도 잇따르고 있다. 부천시를 방문한 외부 방문객들에게 송내역 북부광장의 무질서한 모습은 자체로 문화특별시 이미지 실추다.

이와 같은 문제점들에 대한 획기적인 해소책은 바로 교통환승센터 건립이다. 교통환승센터를 통해 송내역이 시민 중심의 안전한 보행권이 확보되는 쾌적한 녹색 광장으로 재탄생되는 것이다.

시민중심의 문화광장으로 다시 태어나다

송내역 북부광장의 환승센터 건립의 궁극적인 목적은 환승기능 활성화이다. 부가적으로 광장기능회복, 상가활성화, 선진적 디자인적인 요소 가미로 부천의 랜드마크로 기능하게 된다.

환승센터는 2012년 9월 기본 및 실시설계 용역완료, 11월 공사 및 감리 착공을 통해 오는 2014년 3월 즈음에는 준공할 계획이다.

진행하는 과정에서 우리 시민들의 의견이 충분히 반영될 수 있도록, 인근 주민 및 상인은 물론 전문가들이 참여하는 협의체 구성, 전문가 자문회의를 운영해나가고 있다. 지난 2012년 4월, 52명의 협의체, 자문위원들이 위촉장을 수여받고 본격적인 활동을 시작했다.

송내역 교통 환승센터 조감도

준비단계에서부터 우려가 되는 제반 문제를 수면위로 부각시켜 보완해 나
감으로써 준공의 시점에서는 모두가 만족하는 제대로 된 송내역 교통환승센
터가 건립되도록 가능한 노력을 다하고 있다.

송내역 북부광장 환승센터는 디자인적인 요소를 잘 가미하여 부천의 새로
운 랜드마크로 자리할 수 있도록 하고자 합니다. 교통수단간 이용자 중심의
연계 편리성 제공은 물론 안전한 보행권 확보, 꺼리가 있어 작심하고 찾는
쾌적한 친환경 녹색광장으로 탄생되길 기대합니다.

▸ 송내역과 소사역을 많이 이용하는 한사람으로 송내역 환승센터 정말 기대됩니다. 버스 타려고 지나가는 중간에 노점상에서 고기 굽는 냄새 진동하고 기름이 줄줄. 정말 보기 싫었는데 큰 결정 환영합니다. 그리고 소사역 엘리베이터 설치는 언제 되나요?

(강형우 2012-05-14)

▸ 송내역 북부광장 리모델링 사업에 적극 찬성합니다. 더불어 노점상을 어떠한 방법이든 꼭 해결해 주세요.

(문준용 2012-06-26)

▸ 송내 북부역의 광장 리모델링이 참으로 부럽습니다. 건너편 송내 남부역의 환경이 북부역과 전혀 다른 세상이 되니 부럽고 아쉬움이 많습니다. 어린아이를 두고 있는 부모로 어두워지면 전철역에서 집까지의 거리에서 아이들이 편안하고 안전한 귀가를 항상 생각과 걱정을 하게 됩니다. 송내 남부역쪽에 대한 고민과 환경 변화는 어떻게 생각하시는지 듣고 싶습니다.

(송내1동주민 2011-03-21)

▸ 송내역을 오갈때마다 지저분하고 노점상때문에 통행에 불편이 있었는데 시설을 정비한다니 기대가 되네요~

(배복순 2012-05-30)

부천FC 1995의
새로운 도전

2005년, 부천이 연고지였던 SK축구단의 느닷없는 제주행은 부천시의 열혈 축구팬들에게 상실감과 허탈감, 좌절감을 주었다. 이런 허탈감을 메꾸기 위해 붉은악마의 원조격인 부천의 축구 열혈팬 헤르메스 운영진들이 주도해서 부천FC 1995 축구단을 만들었다. 바로 시민구단이다. 창단 후 열악한 여건속에서 6년간 3부리그를 전전긍긍하며 꾸준히 도약의 발판을 마련해온 부천FC 1995다. 2013년 드디어 절호의 찬스를 잡았다. K(2부)리그 진입의 꿈을 이룬 것이다. 이제, 부천FC 1995가 K(1부)리그 신화창조를 향해 나아간다.

꿈이 현실로 이루어진다

일본 가와사키시에는 '베르디 가와사키'라는 대단한 축구단이 있었다. J리그를 풍미하던 이 구단이 연고를 수도 도쿄로 이전하면서 팀 이름도 도쿄 베르디로 변경하게 된다. 가와사키 시민들은 크게 실망했지만, 하부리그에 있던 '가와사키 프론탈레'라는 팀에 다시 열정을 보태기 시작했다. 이 팀은 우리에게도 익숙한 '정대세' 선수를 보유했고, J리그 강팀으로 자리를 잡았다.

부천FC 곽경근 감독, 선수들과 함께

우리 부천에도 한때 K리그의 대표적인 구단 SK가 있었다. K리그를 풍미하던 이 구단은 뜻 하지 않게 제주도로 연고 이전을 결행하게 된다. 부천시민들은 크게 실망했지만 희망의 씨앗을 새롭게 싹틔우기 시작했다. 바로 부천FC1995라는 팀을 만든 것이다. 이제 부천FC1995에는 우리에게도 익숙한 '곽경근' 감독이 있고, K리그 진입을 목전에 두고 있다.

가와사키는 일본의 수도 도쿄 인근에 자리한다. '가와사키 프론탈레'와 '도쿄 베르디'의 경기는 큰 흥미를 끌게 될 것이다. 그럼, 부천FC와 제주유나이티드가 맞붙는다면 어떨까? 더 이상 상상만은 아니다. 꿈이 현실이 되는 길목에 서 있다.

파격적인 K(2부) 리그 참여 혜택,
하늘이 준 기회를 잡은 부천FC

우리나라 축구는 K리그, 그 아래에 내셔널리그(N리그), 다음으로 부천FC가 참여하고 있는 챌린저스 리그(C리그)로 하는 체제로 운영되고 있었다.

부천FC가 빛나는 성장세를 기반으로 내셔널리그 진입을 준비하는 과정에서 한국프로축구연맹은 한국 축구계의 지각변동과도 다름없는 혁신안인 승강제 도입을 밝혔다.

승강제도의 주요골자는 프로축구 K리그를 1부, 2부로 나누고, 그 아래는 내셔널리그(N리그), 다음으로 챌린저리그 체제로 운영하되, 1부와 2부는 성적에 따라 상·하위 그룹으로 진출·입을 가능토록 한다는 것이다. 즉, K리그를 1부, 2부로 분류해서 현행 K리그에 소속된 팀 중 매년 성적하위 2개 팀이 2부 리그로 강등되고, 성적에 따라 1부 리그 진입을 가능토록 하는 시스템이다. 이는 궁극적으로 우리나라 축구인구 저변확대 및 경쟁력 확보에 목적을 둔 방안으로 생각된다.

승강제도 도입실행을 알림과 동시에 우리 부천FC를 흥분케 했던 것은 한국프로축구연맹의 부천FC에 대한 러브콜이었다. 지금까지 대한민국 축구계 발전에 끼친 영향, 현재의 구단운영 상황 등을 고려해 우리 부천FC를 신생팀으로 분류, 바로 프로 K(2부)리그 진입을 허용한다는 뜻을 내비친 것이다.

어렵게 꿈을 이뤄가는 부천FC에게 기회가 온 것이다. 꿈에 그리던 상부리그, K(1부)리그 진출의 꿈도 눈앞의 현실로 한 발짝 다가섰다.

부찬FC 서포터즈 '헤르메스'의 열띤 응원

부천FC를 응원하자. 주주로, 서포터즈로 힘을 보태자

부천FC의 K리그 진입은 스포츠를 좋아하고, 축구를 사랑하는 시민에게 축복이지만 부천시입장에서도 새로운 도약을 할 수 있는 소중한 기회다. 물론 앞으로 극복해 나가야 할 일도 많을 것이다. 하지만 시민과 함께한다면 해결할 수 있을 것이라는 생각이다.

축구팬뿐만 아니라 일반시민들의 관심이 절실히 필요한 때다. 부천시도 부천FC가 어렵게 잡은 기회를 놓치지 않도록 홍보와 지원을 아끼지 않을 것이다. 2013년 시즌 홈 개막전을 전후해 주주를 공모할 계획도 갖고 있다. 이제 시민이 진정한 주주로 나설 때가 된 것 같다. 새롭게 출범하는 부천FC 1995에 90만 시민이 한 목소리로 힘을 보태자.

어렵게 탄생해 꿈을 이뤄가는 우리 부천FC가 절호의 기회를 맞게 되었습니다. 아직은 K(2부)리그입니다만, 노력여하에 따라 이젠 꿈에 그리던 K리그 진출도 바로 눈앞의 현실로 다가서게 된 것입니다. 기적의 스토리를 써왔던 것처럼 거는 기대가 큽니다. 시민여러분의 힘을 한데 모아야 합니다. 적극적인 응원과 지지가 필요합니다. 운동장을 찾아 부천FC를 목 놓아 응원합시다.

▸ 부천 FC의 역사 자체가 감동을 주는군요. 이제 적어도 2주에 한번은 부천종합운동장에서 함성을 울려봅시다. 이기고 지는 것보다도 최선을 다하는 모습이 아름다운 우리 부천FC에게 힘을 주기 위하여!! 이것이 우리 지역을 역동적으로 만드는 또 하나의 구심점. 칼레의 기적이 우리 부천에서도 이뤄지길 기대합니다.

(기기환 2012-03-27)

▸ 다음 웹툰 〈모든 걸 걸었어〉를 통해서 부천 FC의 존재를 알게 되었어요^^ 저도 부천시민이니 만큼 더 관심을 가져야 겠어요^^

(선미 2012-03-26)

▸ 부천에 부천FC가 시민구단이라고 하는 것을 부천시민이 얼마나 알고 있을까요? 부천에서 홈경기가 있을 때만이라도 부천 관내에서 부천시민이 알 수 있도록 최대한 많이 부천시에서 홍보해주세요.

(박성하 2012-03-26)

▸ 시장님의 이런 관심은 시민과 팬들에게 정말 즐겁고 감사한 일입니다. 국내 그 어디에도 지자체가 이리도 관심을 쏟아주고 또 팬들이 주도적으로 만들어가는 팀은 없습니다. 오직 부천FC1995뿐입니다! 부천FC가 일류 클럽으로 도약하기 위해서 필요한 조건인 지자체의 관심과 지원은 시장님의 메모만으로도 충분히 확인할 수 있겠네요.

(황상현 2012-03-26)

▸ 부천하면 생각나는 게 뭐가 있나요? 한번 물어보시면요, 20~30대 1위가 부천 FC1995라고 합니다. 그리고 우리나라에 많은 축구단 중에 인기순위를 온라인에서 정한다면 4위권에 항상 있다고 합니다. 저는 정말 부천의 아이콘으로 부천FC가 되어야 생각합니다. 어쩌면 이런 만화같은 구단이 이 지역에 있다는 것이 부천시의 행운인거 같습니다. 글 너무너무 잘 읽었습니다.

(김미경 2012-03-29)

▸ 인천사는 데 부천 지지한지 13년 되었습니다. 제가 이래서 부천을 좋아하는가 봅니다.

(정두식 2012-03-27)

▸ 부천FC가 있는 부천시민이어서 행복하고 이런 시장님이 계셔서 힘이 납니다.

(이용주 2012-03-25)

우리나라 반도체의 고향은 바로 '부천'

우리나라에 처음 반도체산업이 시작된 곳은 바로 부천시다. 1972년 '한국반도체'가 세워졌고, 이를 삼성전자가 인수해 반도체산업이 시작되었다. 이건희 회장이 반도체 개발에 몰두한 곳이 바로 이곳 부천시 도당동이다. 지금은 페어차일드반도체 코리아가 자리한다.

삼성반도체가 시작된 곳

부천시 도당동에는 페어차일드반도체코리아가 자리하고 있다. 이곳에는 특별한 석조물이 있다. 바로 1984년 4월 삼성의 256K D램 개발을 기념해 (故)이병철 회장이 친필로 직접 쓴 '반도체 기술의 산실'이라고 새겨진 흔적이다. 지금은 1999년도에 시스템반도체를 인수한 페어차일드반도체코리아가 한국 시스템반도체의 맥을 굳건히 이어가고 있다.

페어차일드 반도체코리아에 있는 故이병철 회장의 친필휘호

반도체는 메모리 반도체, 비메모리 반도체로 분류한다. 메모리 반도체는 D램, S램, V램, 롬 등이 속한다. 비메모리 반도체는 스마트폰과 태블릿PC, 스마트TV, 자동차 등 IT 융합기기에 필수적인 초고속 통신 처리기능을 담당하는 시스템 반도체 등을 말한다.

메모리 반도체의 역할은 정보를 보관하는 기능을 한다. 정보를 처리하는 역할은 비메모리 반도체(시스템 반도체)가 맡는다. 모든 전자제품에는 논리회로를 갖추고 있다.

예컨대 전기밥솥의 경우, 밥솥 안의 쌀과 물의 양, 그리고 이용자가 어떤 버튼을 눌렀는지를 종합적으로 고려해서 밥이 지어진다. 이런 논리적 흐름을 구현하는 것이 비메모리 반도체다. 한마디로 비메모리 반도체는 기기의 두뇌 역할을 한다.

우리나라 시스템반도체 선두주자

페어차일드반도체코리아와 동부하이텍

지난해 지식경제부 R&D전략기획단은 우리나라 미래 산업 선도기술의 하나로 시스템반도체, 비메모리분야 산업을 선정했다. 여기서 주목할 점은 우리 부천의 페어차일드반도체코리아와 동부하이텍의 주력산업이 바로 시스템반도체 분야라는 점이다.

페어차일드반도체코리아는 한국을 대표하는 전력용 반도체 기술의 아이콘으로 인정받고 있다. 전력용 생산 물량의 70% 이상을 해외에 수출, 달러를 벌어들이고 있다. 수출 공로를 인정받아 지난 2005년도에는 5억 달러 수출탑을 수상했다.

2010년 7월에는 부천시에 공장증설을 제안해와 적극 검토 후 승인해줬다. 이에 따라 8천만불(한화 950억 원)의 외자를 유치하는 성과도 뒤따랐다. 257명이라는 고용창출효과도 있었다.

동부하이텍은 아날로그 분야 파운드리에 집중하면서 특화시장의 강자로 부상하고 있다. 2012년에는 작년 대비 20% 이상 증가한 6천억 원 이상의 매출을 달성하고, 반도체 사업 이래 처음으로 순이익이 나고 있다.

부천에 시스템반도체 업계의 두 축인 페어차일드코리아 반도체와 동부하이텍이 있는 것이 매우 자랑스럽다. 주력 품목자체는 다르지만 상호작용을 통해 시너지효과를 발휘해 나가기를 희망한다.

지역 기업의 건전성은 지역발전은 물론 취업난 해소에도 기여하는 순환적 효과를 지닙니다. 매월 정례적으로 간담회 형식으로 여러 기업인들을 만나고 있습니다. 직접 기업체를 방문해 현장의 소리도 듣습니다. 보다 적극적으로 진행해 나가려합니다. 어려운 점들을 함께 공유하고 개선해, 부천이 기업하기 좋은 환경으로 변모할 수 있기를 기대하기 때문입니다.

▶ 부천에 고 이병철 삼성회장님이 최초의 반도체 회사를 설립하셨다니 놀랍습니다. 부천에서 살면서도 전혀 모르고 있었으니까요. 지금은 비메모리 반도체를 생산하는 페어차일드회사가 그 전신을 이어간다니 아무쪼록 시에서 힘닿는 데까지 도와서 부천시민들의 일자리 창출에 기여되는 회사가 되길 학수고대합니다. 파이팅^-^

(이영삼 2011-08-05)

▶ 우리나라 반도체의 고향이 부천이라니 놀랍네요. 옛날 삼성전자반도체 공장이 부천에 있을 때는 부천도 잘 나가는(?) 도시 중의 하나였는데. 여하튼간에 부천이 다시한번 중흥의 시대를 맞이했으면 좋겠네요.

(주노어미 2011-08-05)

▶ 기초지방자치단체에서 지역 기업 활성화를 고대하고 있지만 현실적으로 지원시책은 미흡할 수 밖에 없습니다. 그렇다고 방치할 것인가 그럴 수도 없겠지요. 기업지원이 반드시 재정적 지원만을 말하는 것은 아닐 것으로 생각합니다. 바로 이런 것이지요. 관심 그리고 판촉활동 좋습니다. 모 아니면 도가 아니라 또 다른 방안이 있음을 배웁니다.

(조현상 2011-08-06)

문화예술과 결합한
시끌벅적 전통시장

전통시장은 흥정을 하면서 덤으로 얻는 재미가 쏠쏠한 곳이다. 다양한 계층의 사람들이 북적이는 곳이기에 정을 느끼고, 소통의 장 역할을 한다. 서민들의 추억과 낭만이 오랜 기간동안 서려 있는 곳이 바로 전통시장이다. 최근 대형 마트의 출현으로 매출의 열세를 면치 못하고 있다며 울상이다. 이런 전통시장을 활성화하는 방안으로, 부천시 문화사업과 연계해 이유 있는 변화를 시도해본다.

역곡북부시장 · 오정전통시장, 전국최우수 시장으로 인정받다

현대화의 물결 속에 전통시장이 부활을 위한 본격적인 몸부림을 시작했다. 이유 있는 변화의 움직임이 전국 곳곳에서 나타나고 있는 가운데 우리 부천의 전통시장이 특별히 주목받고 있다.

바로 역곡북부시장과 오정전통시장이 대구 EXPO에서 열린 전국 우수시장 박람회에서 최우수시장으로 선정, 중소기업지원청장상을 수상한 것이다.

전국 우수시장 박람회 '최우수 시장'으로 선정된 역곡북부시장

중소기업지원청이 주최하고 시장경영진흥원이 주관하는 이 행사는 권위있는 전통시장 박람회로, 부활에 성공한 시장을 선정해 포상함으로 전국 전통시장의 활성화를 도모해 나간다는 취지로 개최되고 있다. 전국 1,517개 전통시장이 참가, 이 가운데 우리 부천시의 전통시장 2곳이 전국 최고의 시장으로 선정되었다.

정과 사랑이 넘치는 전통시장

대부분이 전통시장과 관련된 생생한 옛 추억 하나씩은 갖고 있을 것이다. 나 역시도 그런 기억이 있다. 어릴 적 어머니 손잡고 가던 전통시장엔 구경할 것들이 많았다. 먹을 것도 풍부했다. 늘 사람들로 시끌벅적 했던 곳이 바로 전통시장이었다. 풍요로움의 상징으로 소중한 기억을 간직하고 있다.

최근 대형 마트의 출현으로 매출의 열세를 면치 못하던 상황에서 소위 대규모 및 준 대규모점포(SSM)가 동네 골목까지 잠식, 우리 전통시장은 위기의식을 크게 느낄 수밖에 없었다. 상인들은 노심초사했고, 집단행동으로까지 이어지며 한 때 지역은 긴장감이 팽배해지기도 했다. 하지만 슈퍼마켓(SSM) 영업시간 제한 및 의무휴업일 지정과 관련 조례개정 등 부천시의 시기적절한 제도적 장치 마련으로 재래시장 상인들의 숨통을 트이는 계기를 마련했다.

전통시장은 활성화되어야 한다. 낭만적인 추억을 되새기기 위해서만이 아니다. 우선 서민들의 생활터전이 바로 전통시장인 것이다. 도심에서 흥정하며 가장 인간적인 정을 느낄 수 있는 곳, 완충지대가 바로 우리 전통시장이기 때문이다.

새로운 볼거리 · 재밋거리 · 문화가 있는 부천 전통시장

부천시는 전통시장의 활성화를 위해 다각적인 지원의 끈을 이어나가고 있다. 현대적인 감각에 맞는 전통시장의 틀을 갖출 수 있도록 하드웨어적인 부분에 대한 지원을 시행했다. 전통시장에 아케이드, 공영주차장 설치가 대표적이다.

그리고 시장 내 빈 점포를 활용한 만남의 장소 또는 휴게공간 제공, 전통공예교실 및 캐리커처 그려주기 등의 프로그램을 운영, 시민들로 하여금 시장에 가는 새로운 재밋거리를 제공해주고 있다.

특히 전통시장에 기대는 고객들의 관심은 흥을 북돋아줄 수 있는 프로그램인 것 같다. 그래서 문화도시답게 문화 인프라를 전통시장에 접목시켰더니 의외로 반응이 좋았다. 부천시 공직자들로 구성된 판타지아 락밴드의 무료 공연이나, TV나 라디오 방송 등의 다양한 매체를 통한 공개방송은 활력 넘치는 전통시장으로 만들어준다.

앞으로도 개별 전통시장의 특성을 반영해 맞춤형 지원에 행정력을 집중해 나갈 예정이다. 소비자들이 전통시장을 장점으로 꼽고 있는 볼거리, 따뜻함 등 무형자산의 질적 수준을 높이는 방향으로 부천식 전통시장 지원정책을 잘 만들어 나가려 한다.

우리 서민들의 경제현장인 전통시장이 부활을 위한 본격적인 몸부림을 시작했습니다. 이유있는 변화에 대한 성과들도 있습니다. 추억과 낭만이 자리하고 있는 곳, 후덕한 정을 느끼며 소통하는 곳, 전통시장의 부활에 힘을 보태려 합니다. 우리 시민들이 부천의 전통시장을 많이 이용했으면 하는 바람입니다.

▸ 저는 역곡시장을 즐겨 찾는 동네주민입니다. 우리동네 시장이 큰 상을 받게 되어 더욱 기쁘네요. 가격도 품질도 인심도 좋은 재래시장이 예쁘고 깨끗하게 단장되어 너무도 좋습니다. 대형마트 가시기전 역곡시장에 들러 가격비교 해보세요. 재래시장을 보는 맛은 또 다른 매력이 있습니다.

(물빛 2011-11-16)

▸ 저도 역곡 북부 시장에 오랫만에 가보고 달라진 모습에 많이 놀랐어요. 다른 시장들도 좋아졌으면 좋겠어요. 애쓰신 분들 축하드려요~ 매일 좋은 소식만 들렸으면 좋겠어요.

(신명덕 2011-11-04)

▸ 집 주위에 재래시장이 없어 항상 그리웠는데 뉴스를 보니 반갑고 기분이 좋네요~ 대형마트들에 밀려 설 곳 없어진 우리 재래시장이 값싸고 질좋은 상품들과 더불어 시민을 위한 각종 부대시설까지 갖추었다니 아이들 데리고 한번 다녀와야겠어요.

(원건형 2011-11-04)

▸ 전통시장이 활성화되는 것은 참 좋은 일이지요. 그러나 아직도 물건을 저울에 달아서 살 때는 거의 속고 사는 것 같아요. 전통시장을 애용하는 고객들에게 거짓으로 물건을 파는 게 아니라 훈훈한 인정과 정직하게 물건을 파셨으면 합니다.

(유금례 2011-11-05)

▸ 재래시장을 찾아가기 쉬운 곳으로 만들어 주세요. 주차 공간 확보를 부탁드려요. 대형마트들은 무조건 주차공간을 최우선 생각하잖아요.

(송정은 2011-11-16)

▸ 역곡북부 재래시장이 이렇게 바뀌었군요. 꼭 가보고 싶습니다. 각 지역 시장마다 역사적, 환경적 특성이 있을 텐데 으뜸 재래시장으로 평가 받다니 하나씩 새로이 바뀌는 부천이 기대됩니다.

(황종배 2011-11-08)

부천발 만화산업이
세계시장을 주도한다

한국만화영상진흥원이 지난 2012년 8월에 '문화산업진흥시설'로 지정되었다. 문화산업진흥시설로지정은 시설 운영에 소요되는 예산의 전부 혹은 일부를 중앙정부로부터 지원받을 수 있는 근거가 마련되었다는 의미를 담고 있다. 연간 약 60억 규모의 출연금을 부천시에서 부담해 왔던 방식에서 벗어나 중앙정부와 광역자치 단체의 지원과 참여를 기대할 수 있다는 점에서 앞으로 기대가 크다.

만화 · 애니 클러스터, 한국만화영상진흥원

한국만화영상진흥원이 '문화산업진흥시설'로 지정됐다. 진흥원이 문화산업진흥시설로 지정됨에 따라 진흥원 시설의 운영 등에 필요한 예산의 전부 또는 일부를 정부로부터 지원받을 수 있게 됐다. 다시 바꿔 말하면 그동안 부천시가 전담해 왔던 진흥원의 운영비를 중앙정부의 지원을 받을 수 있게 돼, 시의 재정부담도 경감하면서 한국만화발전의 중심기지로 성장하는데 탄력

부천국제만화축제를 즐기고 있는 부천시민들

을 받게 되었다는 의미다.

이로써 만화도시 부천을 창의적이고 상상력이 넘치는 만화문화의 발상지로 만든다는 구상이 앞당겨 질 것으로 기대된다.

특히 한국만화영상진흥원 만화비즈니스센터에는 우리나라에서 주목받는 원로만화가 '공포의 외인구단'의 이현세 이사장을 비롯해 '프리스트'의 형민우, '신 암행어사'의 윤인완, '오디션'의 천계영 만화가 등 우리나라 만화가 413명(52%이상)이 상주하며 창작 활동을 하고 있다. 현재 400여명인 만화 창작인력을 1,000명 수준으로 끌어올려 만화콘텐츠의 생산기지화 하고, 문화체육관광부, 경기도와 함께 추진 중인 디지털만화 유통지원 플랫폼 구축 사업에 더욱 집중해 나갈 수 있게 되었다.

세계로 나가는 **부천표 만화 · 애니메이션**

할리우드 영화 프리스트가 화제다. 한국만화를 원작으로 한 최초의 할리우드 영화라는 점에서 더욱 관심을 끌었다. 세계적으로 유명한 영화 제작자와 배우, 스태프가 참여하고 있는 본격 상업영화라는 점에서 대중의 관심도 높았다.

첫 주 미국박스오피스를 비롯해 러시아, 독일, 멕시코, 등 세계 각국 박스오피스에서 상위권을 차지하며 흥행 돌풍을 일으키며 전미개봉 3주 만에 제작비 6천만 달러를 가뿐히 회수했다.

부천발 애니메이션도 화제를 모으고 있다. 바로 '마당을 나온 암탉'이다. 마당을 나온 암탉은 많은 관중몰이에 성공하며 애니메이션 역사를 다시 쓰고 있다.

애니메이션 마당을 나온 암탉은 동화작가 황선미의 베스트셀러를 애니메이션으로 제작한 작품으로, 부천의 경기 디지털콘텐츠 진흥원에서 신화창조 프로젝트 대상 작품으로 선정, 제작 초기 비용을 지원한 작품이다.

부천의 대표적 캐릭터 **'프랭키'와 '빼꼼'**

부천시는 ㈜리퀴드 브레인의 캐릭터 '프랭키'와 공공부분 캐릭터 사용계약을 체결했다. 한국만화영상진흥원 내에 입주 업체인 ㈜리퀴드브레인이 제작한 애니메이션 시리즈 '프랭키와 친구들'은 자연주의 식재료와 한식을 소재로 하는 창작 애니메이션이다. 부천시는 주인공인 프랭키를 전략적 육성캐릭터

부천국제만화축제 이벤트 중 하나인 만화 캐릭터 퍼레이드

로 선정하고, 부천시 도시이미지 개선에 활용해 나가고 있다.

우리나라 대표 캐릭터인 빼꼼도 부천출신 캐릭터다. 빼꼼을 만든 알지애니메이션스튜디오도 현재 한국만화영상진흥원 비즈니스센터에 입주한 업체이기 때문이다. '빼꼼'은 지금 현재 EBS에서 매주 금요일 방영되고 있으며, 현재 20여 개국에 수출되고 있는 인기 애니메이션이다.

캐릭터 산업은 '제2의 한류'로 불리며 전 세계로 뻗어나가고 있다. 특히 뽀로로처럼 잘 만든 캐릭터 하나가 막대한 수익을 창출한다. 우리 부천도 한국만화영상진흥원을 전진기지 삼아 뽀로로를 능가하는 전세계적인 캐릭터를 만들어내고, 더 나아가 부천발 만화산업이 세계시장을 주도해 나가기를 기대한다.

캐릭터 분야에서 부천에 있는 기업들의 활약이 두드러집니다. 만화나 애니메이션 같은 창작콘텐츠 산업은 작품 자체를 서점이나 극장에서 판매하는 1차 시장의 가치보다, 콘텐츠의 내용과 형식을 활용해 새로운 상품으로 제작유통하는 2차 상품 시장이 더 큰 산업입니다. 세계에서 부천의 문화콘텐츠 산업, 특히 K-comics가 통하게 될 것입니다.

▶ 부천의 문화콘텐츠 산업이 날로 발전하고 있습니다. 애니메이션을 지원하는 많은 청소년에게 미래의 큰 장이 펼쳐지게 되어 시민의 한 사람으로 매우 기쁘게 생각합니다. 마당을 나온 암탉을 아이들과 함께 관람했어요. 관람내내 눈물이 흘렸어요. 감동이었죠.

(서주아 2011-09-24)

▶ 아무리 생각해도 부천이 문화도시란 타이틀을 잡은 건 아주 탁월한 선택였던 거 같습니다. 현재의 이런 노력들이 10년, 20년후엔 부천의 미래를 먹여 살릴 먹거리가 될 것입니다. 파이팅!!!

(김씨 2011-10-07)

▶ 재정이 좀 들더라도, 우리 국내 만화 캐릭터샵을 제대로 부천에 만들어야 합니다. 국내 자체 유명 캐릭터들의 다양한 모습을 한 곳에서 만날 수 있는 캐릭터박물관이 있으면 합니다. 태권브이, 철인강타우, 까치, 각시탈, 외인구단, 둘리, 빼꼼 등등 캐릭터와 스토리를 과거에 박아두지 말고 현대화하고, 재탄생시키는 작업을 해야 합니다. 그 상상팩토리가 바로 부천이라는 걸 보여줄 수 있는 제대로 된 캐릭터 박물관이 있었으면 좋겠네요.

(송내동사랑방 2011-09-25)

부천, 대한민국 최고 문화도시로 빛났다

국토해양부가 주최한 2011년 도시대상에서 부천시가 전국 2백30개 기초자치단체(시군구) 중 최고의 영예인 문화도시로 선정되어 '대통령상'을 수상했다. 문화 · 환경 · 교육 · 안전 등 도시의 전 분야에 걸쳐 명실상부 우리나라 대표도시로 인정받은 것이다.

2011년 도시대상 대통령상 수상 쾌거

도시대상은 기초자치단체가 지난 1년간 도시공간과 시민 삶의 질을 높이고 도시의 경쟁력을 향상시키기 위해 노력해온 성과를 평가하는 것이었다. 이번 부천시의 대통령상 수상은 도시의 전 분야에 걸쳐 명실상부 우리나라 대표도시로 인정받게 되었다는 의미를 내포하고 있다.

12회째를 맞았던 도시대상은 전국기초지방자치단체를 대상으로 문화도

2011년 도시대상 '대통령상'을 수상한 부천시

시 ▲활력도시 ▲환경도시 ▲녹색교통도시 ▲ 안전·건강도시 ▲교육·과학도시 ▲ 선도사례형 등 7개 분야에 걸쳐 심사가 이루어 졌다. 가장 강점이 되는 분야를 중심으로 응모한 전국 지방자치단체 대상으로 각 분야별 최우수 도시를 선정한 것이다. 바로 별들의 전쟁이었다.

그 중에서 가장 탁월한 여건을 갖춘 도시들이 전국최고의 도시선정을 놓고 경합을 벌였다. 이런 엄격하고, 난해한 과정을 거쳐 우리 부천시가 별 중의 별로 선정되어 대통령상을 받게 되는 영예를 안았던 것이다.

익명의 도시 부천이 대한민국 최고 문화특별시로 우뚝 서기까지

90년대 지방화 시대가 본격화 되면서 익명의 도시였던 부천의 고민은 시작

중앙공원에 위치한 도시대상 수상탑

되었다. 어떻게 하면 아름답고 쾌적한 '살기 좋은 도시', '살고 싶은 도시'로 변화시켜나갈 수 있을까 하는 것이 화두(話頭)이자 절실한 과제였다.

부천의 정체성(正體性)을 어디에서 어떻게 찾을 것인가 하는 고민의 과정을 거쳐 도출된 것이 바로 '문화도시 부천' 건설이었다. 우리 부천에 문화사업의 본격적인 도약은 1998년부터 비롯된다. 민선 2기 시장으로 시정을 이끌게 된 원혜영 국회의원이 문화도시를 캐치프레이즈로 내세웠다.

하지만 당시 우리나라는 IMF 위기상황에 있었다. 경제를 중심으로 얘기해야 할 때 부천의 문화도시 표방은 잘 맞지 않는 옷처럼 부자연스럽고, 역설적이었다는 것이 다수 여론이기도 했다.

더군다나, 부천국제판타스틱영화제가 1회 개최 후 좌초위기를 맞고 있었고, 부천필이 온전히 자생의 길을 걷지 못하고 있었던 상황에서 새로운 문화

사업으로 만화라는 사업 도입과 문화도시의 표방은 어떠한 합리적인 논리로도 시민 동의를 얻기란 그리 쉽지 않는 일이었다.

그럼에도 불구하고 문화라는 씨앗이 땅에 뿌려지고 갖은 시련의 과정을 거쳐 드디어 오늘날에 꽃피우게 된 것이다. 국내 최고라는 값지고, 탐스러운 열매를 수확하게 됐다. 이제 우리 부천이 대한민국 문화의 대표적 아이콘으로 온전히 자리매김하게 되었다.

우리들만의 구호가 아닌, 희망만이 아닌 중앙정부, 전국에서 우리 부천을 문화특별시로 인정해주는 것이 현실이 되었다. 부천시는 문화라는 자기 얼굴, 자기 색깔, 자기 특성을 갖추게 되었다. '문화특별시 부천'이라는 확실한 이름을 확보하게 된 것이다.

끊임없이 진화하는 부천의 문화아이콘들

만화(부천국제만화축제, 부천국제학생애니메이션페스티벌), 영화(부천국제판타스틱영화제), 음악(부천필하모닉오케스트라) 등 기존 문화콘텐츠들은 문화특별시 부천을 확실히 지탱하는 아이콘이 되었다. 이제 확고한 위치를 선점하고 나날이 성장해가고 있다. 그러나 우리 부천의 도전은 여기에서 멈추지 않는다.

부천 문화의 품격을 한 단계 업그레이드 시키는 새로운 도전은 다름 아닌 부천형 엘시스테마 '부천아트밸리사업', 부천판 예술의 전당 '부천문화예술회관' 건립, 문화명품거리 '길주로 프로젝트', 삼정동 소각장 문화공간 리모델링 등이다. 이외에도 모든 시민이 문화부천의 콘텐츠를 향유하고 즐길 수 있는 획기적인 프로그램을 기획하고 있다.

　2013년은 우리 부천이 탄생한지 100년, 시 승격 40주년의 새로운 전기를 맞는다. 바야흐로 '문화특별시 부천'이 완성되는 날이 멀지 않았음을 느낀다.

부천이 전국 최고의 도시로 선정과 대통령상 수상은 영예로운 축복의 메시지가 아닐 수 없습니다. 대한민국 최고의 도시로 자리매김하게 한 '문화특별시 부천의 힘'은 바로 우리 부천 90만 시민의 자질과 역량의 결실로 생각합니다. 더 나은 미래를 위한 도약을 함께하기를 소망합니다.

▸ 보여주기식 행정이 아닌 문화예술을 부천시민 모두가 빠짐없이 향유할 수 있도록 가시적으로 성과를 보여 주셨으면 합니다. 그 콘텐츠의 질 또한 높여서 부천뿐 아니라 경기도 더 나아가 대한민국의 문화 허브가 되었으면 좋겠습니다. (조현우 2011-10-10)

▸ 부천시에 살고 있는 부천시민으로서 자랑스럽고 뜻깊은 2011년이 될 것 같아요. 더불어 아직 까지 취약한 부분을 보완하고 빛나는 부분을 널리 알릴 수 있는 홍보가 필요하다고 생각해요! 부천에 사는 시민에게는 살기 좋은 도시이지만, 인터넷 포털사이트 기사의 댓글만 보더라도 타지역에선 부천은 인천과 서울 사이의 도시로만 알고 있는 분이 많네요. 그 부분이 너무 아쉬워요. 제 인생을 평생을 살고 있는 부천시민으로서 나날이 발전하는 부천에 놀랍고 뿌듯합니다, (김정아 2011-10-10)

▸ 좋은 일이군요~ Pifan이나 부천필 등 활동에 시민들이 좀 더 쉽게 접근할 수 있는 유인책들도 함께 마련되면 좋을 것 같습니다. (안덕용 2011-10-08)

▸ 부천시민 한 사람으로서 영광입니다. 더 노력하여서 세계적인 문화도시가 되도록 합시다. (서병갑 2011-10-07)

자치행정에 '특효약'이 있다면?

소통은 상대방을 존중하는 것으로부터 시작된다. 소통은 단순한 의사 전달이 아니라 존중과 이해를 기반으로 하는 쌍방의 상호작용이다.

부천 구석구석을 다니며 생활현장에서 만나 본 각계각층 시민들은 정보에, 소통에 목말라 있었다. 시민들의 이야기를 진정성 있게 들어주고 또 그 분들의 궁금증을 풀어주는 일이야말로 시장의 어떤 책무보다 우선돼야 하고 또 중단 없이 이어져야 한다고 생각한다.

시민들이 느끼는 행정과 실제 행정을 펼치는 실무에는 분명 온도차가 있을 수 있다. 그 간극을 좁히는 아주 훌륭한 수단이 바로 서로를 존중하고 이해하는 '소통'이다. 사람과 사람, 민(民)과 관(官), 관과 관, 개인과 집단, 집단과 집단 간 활발한 소통이 이루어지는 사회는 밝고 건강할 수밖에 없다.

시민들과 마음을 터놓고 이야기하면서 시장으로서 지방행정 차원에서 해결하기 어려운 고충을 대할 때는 안타까움을 넘어 제도적인 자치행정의 패러다임에 일대 혁신이 필요함을 실감한다. 이를테면 교육, 치안, 복지의 문제가 가장 대표적인 것으로, 이는 시민생활과 직결됨은 물론 시민들의 최대 관심 분야이기도 하다. 행정의 노력만으로 안전하고 행복한 도시를 만드는 일에는 한계가 있다.

그나마 다행스러운 점은, 부천시는 교육, 치안, 소방 관련 유관기관과의 유기적인 협조체제를 만들어 시민들의 고충과 불편을 해소하려 노력하고 있다. 복지 문제에 있어서도 관련 기관은 물론 시민단체 등과 상생적 거버넌스(governance)의 틀을 만들어가는 중이다. 이 모든 것을 가능케 만드는 원동력이 바로 소통이다.

"소통은 평범한 사람들이 비범한 결과를 만들어내는 에너지원"이라는 카네기의 말처럼 비록 그 방식과 과정이 번거롭고 적지 않은 시간을 투자하는 한이 있더라도 시민과의 소통은 우리 모두가 보듬고 가야할 공동선(善)의 지름길이 아닐까.

관(官) 주도형 일방통행식 행정은 이제 과거의 유물이 되었다. 현대 행정은 이미 서비스 행정을 넘어' 쌍방향 소통'과 '시민참여'라는 화두를 던진다. 이른바 거버넌스 행정, 민·관의 협치(協治) 행정이야말로 지방자치 성공의 키워드가 되고 있다.

시민이 행정에 실질적으로 참여하고 더 나아가 시민이 행정을 위해 봉사하는 거버넌스 행정모델을 부천이 만들어나가고 있는 셈이다. 다분히 형식적이고 전시행정적인 '시민참여'가 아닌, 다수 시민들에게 동기부여를 통한 자발적인 참여를 이끌어내는 힘, 이것이야말로 진정한 '부천형 소통행정'의 저력이다.

김만수의 시정메모

소통으로 답을 찾다

초판 1쇄 발행일 2013년 2월 15일

지은이 _ 김만수
펴낸이 _ 배정민

펴낸곳 _ 유로서적
제 작 _ 공감인(IN)

등 록 _ 2002년 8월 24일 제10-2439호
주 소 _ 서울시 금천구 가산디지털2로 14, 대륭테크노타운 12차 416호
         (가산동, 대륭테크노타운 12차)
전 화 _ 02-2029-6661, Fax 02-2029-6664
이메일 _ bookeuro@bookeuro.co.kr

ISBN 978-89-91324-53-4

정가 10,000 원